Friedrich Warnecke, Emil Doepler

Heraldisches Handbuch

für Freunde der Wappenkunst, sowie für Künstler und Gewerbetreibende

Friedrich Warnecke, Emil Doepler

Heraldisches Handbuch
für Freunde der Wappenkunst, sowie für Künstler und Gewerbetreibende

ISBN/EAN: 9783743465855

Hergestellt in Europa, USA, Kanada, Australien, Japan

Cover: Foto ©ninafisch / pixelio.de

Weitere Bücher finden Sie auf **www.hansebooks.com**

Heraldisches Handbuch

für

FREUNDE DER WAPPENKUNST,
SOWIE FÜR KÜNSTLER UND GE-
WERBETREIBENDE BEARBEITET
UND MIT BEIHÜLFE DES KGL.
PREUSS. CULTUSMINISTERIUMS
HERAUSGEGEBEN VON

F. WARNECKE

Mit 318 ABBILDUNGEN NACH HAND
ZEICHNUNGEN VON

E. DOEPLER D. J.

UND EINER LICHTDRUCKTAFEL.

VII. AUFLAGE.

Verlag von HEINRICH KELLER
FRANKFURT A. M.
1893.

SEINE

KAISERLICHE UND KÖNIGLICHE HOHEIT

FRIEDRICH WILHELM
KRONPRINZ DES DEUTSCHEN REICHS
UND VON PREUSSEN
NACHMALIGER KAISER FRIEDRICH III.

HATTE DIE GNADE

DIE WIDMUNG DER ZWEITEN AUFLAGE DES HERALDISCHEN
HANDBUCHS

ANZUNEHMEN

»Auch des Wappens nette Schilder
Loben den erfahrnen Bildner.«
Schiller.

VORWORT
zur sechsten Auflage.

er erfreulichen Anerkennung, welche das »Heraldische Handbuch« in weiten Kreisen gefunden hat, verdankt dasselbe die vorliegende Auflage.

Das Werk ist neuerdings in den Besitz der Verlagsbuchhandlung von Heinrich Keller zu Frankfurt a. M. übergegangen, in deren Eigenthum es nun hoffentlich verbleiben wird.

Auf den besonderen Wunsch dieser Verlagshandlung, welche das Handbuch als für einen internationalen Interessentenkreis bestimmt erachtet, wurde dasselbe ganz und gar in lateinischer Schrift gedruckt, wodurch sowohl der Titel, als auch der erste Theil ein verändertes Aussehn erhielten. Die Schrift auf den Tafeln musste jedoch unverändert bleiben, da sich ein Ersatz derselben nicht ohne recht erhebliche Umstände und Kosten bewerkstelligen liess.

Seit dem Erscheinen der letzten Auflage sind einige, nur auf die äussere Gestaltung des Deutschen Reichsadlers sich erstreckende Veränderungen, auch solche mit der Kaiser und Kaiserin-Krone beliebt worden, welche einen Ersatz der alten Abbildungen durch neue Zeichnungen — auf Tafel VII, XXII und XXVI — erforderlich machten. Die bisher ganz unbekannt gebliebenen, von Seiner Majestät dem Kaiser und König geführten Helmkleinode des Deutschen Reiches und von Preussen, sind von der Hand meines Freundes, Professor E. Doepler d. J. auf Tafel XXII dargestellt worden.

Ausserdem ist dem Buche auf Tafel XXIV das den Reichslanden Elsass-Lothringen verliehene Wappen hinzugefügt; ferner wurde die Kronentafel — XXIII — um zwei besonders bemerkenswerthe, zur Verwendung für Helm- und Rangkronen älterer Zeit sehr geeignete Darstellungen vermehrt, und endlich ist eine Durchsicht des Textes vorgenommen, bei welcher manche, im Laufe der letzten Jahre eingetretene Veränderungen Berücksichtigung fanden.

So hoffe ich denn, dass das »Heraldische Handbuch« in der neuen, verbesserten und bereicherten Gestalt sich noch weiter bewähren und besonders für Kunstbeflissene und Wappenfreunde von Nutzen sein wird.

Berlin, am 29. September 1892.

F. W.

A. Bestimmung des Begriffes der Wappen.

appen[1]) sind bleibende, nach bestimmten Regeln festgestellte Abzeichen einer Person, Familie oder Körperschaft. Deren Entstehung ist auf die Zeit der Kreuzzüge zurückzuführen.
Hauptbestandtheile eines Wappens sind:
      der Schild,
      der Helm,
      das Helmkleinod und
      die Helmdecken.
Nebenbestandtheile:
  1. die Rangkronen, Hüte, Mützen, Orden u. s. w. } Rang- und Würdezeichen;
  2. die Schildhalter, Wappenmäntel, Wappenzelte, } heraldische Prachtstücke.
      Devisen, Fahnen u. s. w.

Die Kenntniss der Regeln und Grundlagen der Wappendarstellung und Wappenführung bezeichnet man mit Wappenkunde, mit Wappenkunst die Anwendung der ersteren, und beide mit Heraldik[2]) (von »Herold« abgeleitet).

---

[1]) Gleichbedeutend mit »Waffen«, wie »wappnen« mit »waffnen«.
    Die erste bekannte Wappenverleihung erfolgte durch Kaiser Karl IV. d. d. 8. December 1347 für Jacob von Thurn, Ritter des Landes Salzburg. Wappenbriefe über heimgefallene Wappen kommen schon früher vor.
    Besondere Vorrechte, ein Wappen führen zu dürfen, haben wol kaum bestanden. Schon im 13. und 14. Jahrhundert wurden Siegel mit Wappenbildern von Juden geführt. Ferner findet sich im Grossherzoglichen Archiv zu Schwerin eine von Bauern untersiegelte Urkunde vom 22. Januar 1349, deren Aussteller Siegel mit Wappen und Hausmarken führen. Letztere waren anfangs wol persönliche, aus Handelszeichen — wie sie die Kaufleute auf ihren Ballen anzubringen pflegen — hervorgegangene Marken, welche später erblich zu Hausmarken wurden; dies gilt namentlich von den in deutschen Wappen vorkommenden Hausmarken.
    Persönliche Marken sind die Notariats- und Steinmetzzeichen, sowie die Monogramme.
    Aus Hausmarken sind vielfach Wappenfiguren entstanden, und es ist noch unentschieden, ob nicht die Hausmarken bürgerlicher Familien alter sind als die Wappen des niederen Adels.
    In Deutschland ist es Niemandem verwehrt, sich ein beliebiges Wappen beizulegen, vorausgesetzt, dass keine andere Familie zur Führung des gewählten Wappens berechtigt ist. Hierauf wird schon von Bart. de Saxoferrato in seinem »Tractatus de insigniis et armis« hingewiesen.
    Gleichzeitig mit dem Wappen gab es feststehende Siegelbilder eines ganzen Geschlechts.
    Siegel (Siegelkunde — Sphragistik) und Wappen sind nicht zu verwechseln. Ein Siegel ist der Abdruck eines vertieft gravirten Stempels in Lack, Wachs oder Metall u. s. w., welcher zur Beglaubigung einer Urkunde, oder zum Verschluss des Briefes dient, aber nicht unbedingt ein Wappen zu zeigen braucht. Man kann also wol von einer Untersiegelung mit dem Wappen sprechen, aber nicht sagen, dass an der Urkunde das Wappen hängt, wol aber ein Siegel mit dem Wappen. Wappensiegel sind solche, welche auf dem Siegelfelde oder im Schilde das Wappenbild, das vollständige Wappen oder nur den Wappenhelm mit dem Kleinod allein zeigen.
    Aelteste Wappensammlung der Welt ist — soweit bekannt — die Züricher Wappenrolle aus dem Ende des 13. oder dem Anfang des 14. Jahrhunderts.

[2]) Dem Herold lag das Wappenwesen ob. Seine Amtstracht bezw. sein Amtszeichen bestanden aus einem Wappenrock und einem Stab. Seine Bekleidung richtete sich im Uebrigen nach der jeweiligen Mode. (Abbildung eines Herolds auf dem Titelblatt zu diesem Werke.)

Ein Wappen »aufreissen« heisst ein ganz neues Wappen erfinden oder zwei und mehrere gegebene mit einander verbinden. Hierbei ist das Streben festzuhalten, in wenigen Strichen ein bezeichnendes Bild der lebendigen oder künstlichen Vorbilder zu geben.

Für die Heraldik ist es unerlässlich, die Bezeichnung rechts und links von dem Standpunct des Schildträgers (so dass dieser als hinter dem Schilde stehend zu betrachten ist) und nicht von dem des Beschauers herzuleiten. Somit ist das rechts, was man im gewöhnlichen Leben als links bezeichnet und umgekehrt.

Was rechts steht, wird immer zuerst »angesprochen«, d. h. beschrieben. Ist in einer Beschreibung weder von rechts noch links die Rede, so ist rechts selbstverständlich gemeint.

B. Ursprung der Wappen und Entwickelung der Heraldik.

ach der vorstehend gegebenen Entwickelung der Begriffe ist es selbstverständlich, dass der Ursprung der Wappen und der Heraldik nicht gleichbedeutend ist.

Was die Wappen betrifft, so ist daran festzuhalten, dass dieselben im Mittelalter (genauer bestimmt: spätestens im 12. Jahrhundert) selbstständig entstanden sind. Sie unterscheiden sich sehr wesentlich von den Sinnbildern der Griechen und Römer, welche man anachronistisch Wappen genannt hat.[1] Dagegen steht es fest, dass der Verkehr des Abendlandes mit dem Morgenlande zur Zeit der Kreuzzüge auf das Wappenwesen des ersteren Einfluss geübt hat.[2]

Das Wappenwesen hat bei den einzelnen Völkerschaften Europa's bei gemeinsamer Wurzel eine sehr verschiedene Entwickelung gehabt. Dieselbe erreichte in Deutschland in der Hauptsache[3] im 14. Jahrhundert ihren Abschluss. Ursprünglich stellte allein der Schild[4] mit seinem Bilde das Wappen dar.[5]

Das Wappenwesen blühte vom 13. bis Ende des 15. Jahrhunderts, wo zu dem Schilde der Helm mit dem Kleinod hinzukam. In jener Periode war der Wappenschild von dem Kampfschild nicht unterschieden.

Im 16. Jahrhundert, wo der wirkliche Gebrauch des Schildes aufhörte, verfiel das lebendige Wappenwesen und machte der todten Heraldik, der Wissenschaft, dem Systeme Platz.

Der bis jetzt bekannte älteste Schriftsteller über das Wappenwesen ist ein Italiener, der Kaiserliche Rath Dr. Bartolus de Saxoferrato, welcher zur Zeit des Kaisers Karl IV., um die Mitte des 14. Jahrhunderts, lebte. Sein Tractat »de insigniis et armis« ist später vielfach gedruckt. Man kann wol sagen, dass er von italienischen Anschauungen ausging, aber seine Erfahrungen in Deutschland machte.

Der nächstalte Schriftsteller ist ein Franzose, Clement Prinsault, der im Jahre 1416 schrieb.[6]

In Deutschland wurde der erste Versuch dieser Art von dem Prediger Cyriacus Spangenberg in Schmalkalden gemacht.[7]

---

[1] Samuel Bernd, Das Wappenwesen der Griechen und Römer. Bonn 1841.

[2] So hat der Universitäts-Professor Dr. Karabacek zu Wien mit seinen dort auf der heraldischen Ausstellung (im Mai bis Juli 1878) ausgelegten saracenischen Wappenblättern den Beweis geführt, dass der österreichische sogen. Bindenschild, die französische Lilie, die Schlange der Mailänder Familie Visconti u. s. w. morgenländischen Ursprunges sind.

[3] Der späteren Entwickelung gehören die Nebenbestandtheile des Wappens an.

[4] Der Schild mit der Wappenfigur hat als solcher denselben Werth wie das vollständige Wappen, während sogen. Helmsiegel (d. h. solche, welche des Schildes ermangeln) bei Rechtshändeln nicht immer für voll angesehen wurden.

[5] Zuerst auf Siegeln der Dynasten Ende des 12. Jahrhunderts, des niederen Adels 1213 (Burggraf Otto von Schönberg) und bürgerlicher Familien 1250, 1290. Siegel geistlicher Herren mit Wappen zuerst 1243 (Ortolf von Leiterberg, Dekan zu Krauchenwies).

[6] Traité de Blason.

[7] Adelsspiegel, II. Theil, 1594. XII. Buch, Capitel 14 u. ff. Bis jetzt ist vor Spener (Opus herald. Frankfurt 1680 und 1690) kein deutscher Schriftsteller bekannt geworden, der ein selbstständiges Werk über das Wappenwesen geschrieben hätte, — auch Spangenberg thut dies nur nebenbei. Gelegentliche Bemerkungen über das Wappenwesen finden sich dagegen in ungemein zahlreichen Schriften. Der älteste Schriftsteller dieser Art scheint Conrad von Mure zu sein. Wenigstens enthält dessen, zwischen 1244 und 1247 entstandenes, höchst bemerkenswerthes Gedicht: »Cliperium Teutonicorum« eine Beschreibung von 74 Wappen in lateinischer Sprache. (Siehe Vierteljahrsschrift des »Herold« von 1880, S. 20 u. ff.) Es ist dies, nächst dem um 1281 deutsch geschriebenen »Turnei von Nanteis« des Conrad v. Würzburg das älteste Wappengedicht Deutschlands.

Die im Verlage von Bauer und Raspe zu Nürnberg erschienene »Geschichte der Heraldik« von Gust. A. Seyler bringt so umfassende Mittheilungen über diesen Gegenstand, dass dieses Werk alle anderen Schriften über das Wappenwesen in den Schatten stellt und fast überflüssig macht.

Alle diese älteren Schriftsteller haben nach dem heutigen Stande der Forschung nur einen beschränkten Werth. Die Hauptquelle für die Wappenkunde und für die Entwickelung der Wappenkunst sind die Siegel, da auf diesen zuerst und am häufigsten Wappen vorkommen.

Sämmtliche Theile des heraldischen Schmucks richteten sich in ihrer Ausbildung zu allen Zeiten nach der gerade in der Baukunst herrschenden Verzierungsweise, welche durch Wappenbilder ganz besonders zum Ausdruck gebracht wird.[1])

Soll die Heraldik, welche — wie Fürst Hohenlohe hervorhebt — mit gleichem Recht zu den Künsten wie zu den Wissenschaften gehört, nicht zum Handwerk herabsinken, so darf die Einbildungskraft des Künstlers nicht in zu knappe Grenzen gebannt, d. h. es dürfen nicht gar zu engherzig bestimmte heraldische Regeln aufgestellt werden,[2]) woher denn auch die Heraldik des Mittelalters — weil als Kunst geachtet und durch Künstler geübt[3]) — so unerreicht dasteht.

Bei der Darstellung eines Wappens ist der Styl entscheidend, welchen man für dasselbe wählt:

    der frühgothische des . . . . 14. Jahrhunderts,
    der spätgothische „ . . . . 15. „
    die Renaissance „ . . . . 16. „
    die Barock-, Rococo-, Zopf- oder modernen Formen des 17. bis 19. „

Bei gothischen Wappen ist zu beachten, dass Schild, Helm und Helmzeichen im richtigen Verhältniss zu einander stehen:

    der Schild etwa so gross wie Helm und Helmzeichen zusammen genommen (Zeit von 1140—1340). . . . . } bei frühgothischen Wappen;
    der Schild erheblich kleiner als Helm und Helmzeichen zusammen[4]) (Zeit von 1340—1400: Schild verhält sich zu Helm nebst Kleinod mit Büffelhörnern wie 7:9) . . . . } bei spätgothischen Wappen,

Im 15. Jahrhundert nimmt der Schild bereits wieder an Grösse zu, und lassen sich gegen Ende desselben als Masse für Schild, Helm und Kleinod mit Büffelhörnern festsetzen: bezw. 16:15.

Dieser Massstab empfiehlt sich auch für Renaissance-Wappen,[5]) welche gegen die Zopfzeit hin Schild und Kleinod sehr gross, den Helm selbst aber unverhältnissmässig klein zeigen.

Bestimmte Anhaltspunkte lassen sich jedoch nicht geben, da die Form des Helmkleinods in vielen Fällen für die Darstellung massgebend ist.

Bei modernen Wappen, zumal solchen, wo Schildhalter vorhanden sind, wird der Schild fast so gross wie Helm und Kleinod zusammen sein können.

In den 80er Jahren des 14. Jahrhunderts wird es — vorzugsweise beim niederen Adel und bei bürgerlichen Familien — Mode, das Wappen innerhalb einer gothischen Verzierung, eines 2. 3. 4. 5. Passes u. s. w. darzustellen; namentlich auf Siegeln.

---

[1]) Die Baukunst ist der Heraldik jedoch meistens um 2 Jahrzehnte voraus. In einzelnen Fällen lässt sich in der Heraldik ein langes Nachleben der Gothik bis ins 17. Jahrhundert (so in einem Nürnberger Geschlechterbuch von 1629) und z. Th. bis heute nachweisen.

[2]) So wurde, um nur ein Beispiel anzuführen, auf einem Siegel vom Jahre 1390, welches geviertet ist, für das 2. und 3. Feld, weil in demselben ein Wagen darzustellen war, einfach ein weit grösserer Raum in Anspruch genommen, als für das 1. und 4. mit einem Stern im Siegelfelde. Das würde heute für einen argen Verstoss gegen die heraldische Regel gelten!

Es muss namentlich vor der Wiedergabe fast aller Regeln und Gebräuche gewarnt werden, welche theils durch Diplome und sogen. Heraldiker von Fach im Laufe der letzten Jahrhunderte gang und gäbe geworden sind. Die lebendige Heraldik soll in der Hauptsache bei Darstellung neuerer Wappen massgebend sein. Alte Muster dürfen jedoch nicht immer in gutem Glauben genau nachgeahmt werden, da dieselben wol den heraldischen Stempel jener Zeit tragen, aber oftmals ganz verzeichnet sind. Ohne der Sache zu schaden, lässt sich das heraldische Gepräge einer Figur mit der richtigen Zeichnung derselben verbinden.

[3]) Die berühmtesten Meister fertigten im 15. und 16. Jahrhundert Wappen, welche zu den vortrefflichsten Kunstwerken gerechnet werden müssen. In einer Zeit, wo die Heraldik eine so bedeutende Rolle spielte, war dies durchaus nichts Auffallendes.

[4]) Mitunter nimmt das Kleinod eine mehr als doppelt so grosse Länge ein, wie der Schild. So auf dem Siegel des Herzogs Leopold von Oesterreich v. J. 1373, auf welchem der Schild 1 cm, der Helm 0,7 cm und das Kleinod 2,2 cm misst.

[5]) Verhältniss von Schild, Helm und Kleinod, gemessen bei:

    A. Dürer (Roggendorf'sches Wappen von 1520) 3,7 — 2,5 — 4,7 cm
    „ „ (Stabius'sches „ „ 1521) 4,0 — 2,1 — 3,4 „
    Brosamer (Laubenberg'sches „ „ 1533) 4,0 — 2,1 — 4,2 „
    Burgkmair d. J. (Unbekanntes „ „ 1545) 4,1 — 2,2 — 4,3 „
    J. Amman (Riedesel'sches „ „ 1579) 4,5 — 2,2 — 4,1 „
    J. Sibmacher (Würzburg'sches „ „ 1596) 1,8 — 1,0 — 1,4 „

C. Ueber die Anwendung der Wappen.

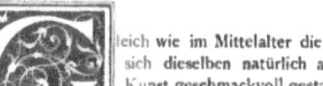leich wie im Mittelalter die Wappen in ausgedehntestem Maße angewendet wurden, so lassen sich dieselben natürlich auch heute noch für die Zwecke der bildenden und Verzierungs-Kunst geschmackvoll gestalten. Wenige Gegenstände werden von der Zahl derjenigen auszuschliessen sein, auf oder an welchen sich Wappen nicht mit ganz besonderem Vortheil verwenden lassen. Dies wusste man früher, wo freilich sehr oft der einfache Handwerker mehr heraldische Kenntnisse besass, als heute mancher allwissende Künstler und Gelehrte, nach Kräften zu benutzen.

Uebrigens hat der Gebrauch der Wappen, welche bestimmt sind, die Ehre des Hauses bezw. der Familie zu versinnbildlichen, gewisse Grenzen, und es muss das richtige Gefühl und das feinere Verständniss für die Wahl des Platzes vorhanden sein, wo ein Wappen mit Anstand und Vortheil sich verwenden lasst. So erscheint es unangemessen, Wappen auf Gegenständen darzustellen, welche lediglich der Bequemlichkeit dienen, als auf Kissen, Fussbänken, Teppichen etc. Wappen finden sich u. A. angebracht auf Siegeln, Münzen[1]), Medaillen, Möbeln, Denkmälern, Bildnissen, Stickmustern, Briefpapieren, Visitenkarten, Vasen, Firmenschildern, Livréeknöpfen, Tischdecken, Fahnen, Tapeten, an und in Gebäuden[2]), an Kutschen[3]), Pferdegeschirr, in und auf Büchern[4]), Albums, Stammbüchern[5]) u. s. w. u. s. w.

Bei gemalten Wappen ist die Anbringung von Schatten zu vermeiden; bei Zeichnungen nach einem Relief jedoch darf derselbe nicht fehlen.

Das Wappen einer neu geadelten Familie, welches das Gepräge der Neuzeit trägt, soll streng genommen nicht in einem alten Styl dargestellt werden. Es empfiehlt sich hierfür nur der neue Renaissance-Styl, welcher für moderne und überreiche Wappen mit mehreren Helmen, Rangzeichen und Prachtstücken sich vorzugsweise eignet, wogegen die späteren Formen des 17. bis 19. Jahrhunderts in noch weit höherem Grade, als die der Renaissance, von der lebendigen Heraldik des gothischen Zeitalters sich entfernen.

Die späteren Formen der letzten drei Jahrhunderte — verfehlte Nachahmungen der alten Heraldik — können keineswegs als Muster für neue Entwürfe dienen. Sie sollten also nur dann Verwendung finden, wenn dieselben an Gebäuden und Gegenständen anzubringen sind, welche den Styl jener Zeit ausgesprochen zur Erscheinung bringen.

Diese zopfigen, für heraldische Darstellungen ganz ungeeigneten Formen, welche leider noch heute über Gebühr geschätzt werden, sind lediglich der Vollständigkeit wegen auf Tafel IV gegeben.

Heraldische Gruppen.[6])
(Heiraths-Wappen, Wappen der Geistlichen u. s. w.)

Hierzu gehören namentlich die Heirathswappen, welche seit den ältesten Zeiten und in der verschiedenartigsten Darstellung auftreten.[7]) In der Regel steht jedoch das Wappen des Mannes rechts, das der Frau links; in neuerer Zeit ausschliesslich. Es werden:

1. die Schilde mit ihren Vorderseiten aneinander gelehnt, wobei das Wappen des Mannes nach links gerichtet wird, das der Frau aber in seiner natürlichen Stellung verbleibt. An und für sich zu einander gekehrte Wappenbilder bleiben unverändert.

---

[1]) Auf Münzen kommen Wappen etwa ein halbes Jahrhundert später, als auf Siegeln vor.

[2]) Im Mittelalter wurde über der Thür der Herberge der Wappenschild desjenigen aufgehängt, welcher in derselben Gastfreundschaft genoss. Lucas Cranach berechnet im Jahre 1533 +3 gulden für VIII C wappen zu drucken, die man an die Herberg schlegt«. (Siehe Luc. Cr. d. A. Leben und Werke von C. Schuchardt, Thl. III. S. 284.) In England wird bei Todesfällen noch jetzt der Wappenschild am Hause angebracht.

[3]) Schon 1548.

[4]) Als Bücherzeichen schon um die Mitte des 15. Jahrhunderts; namentlich im 16. und 17. Jahrhundert. Auf Bucheinbänden sind Wappen so anzubringen, dass letztere sich nicht dem Rücken, sondern der offenen Seite des Buches zuwenden. Das Wappen auf den in die Innenseite des Deckels eingeklebten Bücherzeichen sollte daher streng genommen auch dem Titel des Buches zugewendet werden.

[5]) Etwa von der Mitte des 16. Jahrhunderts bis gegen 1680 hin.

[6]) Es haben hier hauptsächlich nur diejenigen Berücksichtigung gefunden, welche stets mit der Person der Wappenführer wechseln. Dies ist mit den Heiraths- und geistlichen Wappen der Fall, während andere heraldische Gruppen: felderreiche Fürsten- und Adelswappen, einer regelmässigen Veränderung nicht unterworfen sind.

[7]) a. Das weibliche Wappen umgiebt des Mannes Schild. — b. Der Schild des Mannes zur Seite, die Frau den Helm desselben haltend. — c. Schild des Mannes, Helmzier der Frau. — d. Figur mit Schild des Mannes auf der Brust, die Schilde der Eltern in den Händen haltend. — e. Wappen des Mannes, darüber das der Frau. — f. Frau stehend, des Mannes und ihren Schild haltend. — g. Schild, belegt mit den Wappen von Mann und Frau. — h. Beide Wappen im gevierteten Schilde. — i. Wappen der Frau, des Mannes und seiner Schwiegereltern zusammengeschoben — u. s. w.

Tafel XXXVI.

2. auf den Doppelschild die Krone des Mannes, bezw. auch die der Frau, oder — sind beide im Range gleich — die Krone des ersteren, oder dessen Helm (welcher in diesem Falle nach links gerichtet wird) gestellt. Oft werden die beiderseitigen Helme auf den Schilden angebracht. — — —.

Auch die Wappen der höheren Geistlichkeit, insbesondere der katholischen Kirche, sind streng genommen zu einer Gruppe zusammengestellte Wappen.

Fast alle deutschen Erzbischöfe und Bischöfe pflegten das Wappen des Stifts mit ihrem Familienwappen zu vereinigen. Was die Klöster bezw. deren Vorsteher — Aebte, Aebtissinnen, Pröpste — betrifft, so kommen hier nur die Klöster des Benedictiner-, Cistercienser-, Prämonstratenser-Ordens, die Chorherrenstifte des Augustiner-Ordens und einige Collegiatstifte in Betracht.[1])

Ursprünglich und zwar schon seit dem 14. Jahrhundert erscheinen in den Siegeln der Bischöfe und Aebte neben dem Bilde des Siegelführers oder des Schutzheiligen rechts ein Schildchen mit dem Stiftswappen, links der Familien-Wappenschild des betreffenden Würdenträgers.

Etwa hundert Jahre später waren die gevierteten Wappenschilde ziemlich allgemein in Gebrauch. In denselben nahm das Stiftswappen stets das 1. und 4. Feld ein. Der Schild wurde häufig mit der Inful[2]) besetzt und von den Abzeichen der geistlichen und weltlichen Gewalt: Krummstab und Schwert, hinterlegt, oder die letzteren durch die Inful gesteckt. Das Schwert durften selbstverständlich nur die reichsfürstlichen und reichsunmittelbaren Prälaten führen; es kam dasselbe erst im 16. Jahrhundert allgemein bei diesen in Gebrauch.

Sehr häufig wurden Stifts- und Privatwappen in zwei gesonderten, gegeneinander gelehnten Schilden, die man mit den Abzeichen der Würde umgab, geführt. War ein Kirchenfürst im Besitze mehrerer Bisthümer oder Prälaturen, so wurde der Wappenschild entsprechend reicher, oder es trat ein dritter oder vierter Schild der Gruppe hinzu. Für die Folge der Wappen war eine feste Rangordnung der Bisthümer massgebend, die mit dem Sitze im Reichstage zusammenhing.

Seit dem 16. Jahrhundert kommen auf den Siegeln bischöfliche Wappen mit Helmen vor; — die letzteren waren dann eine Zeit lang Mode, — für solche Wappen, die vorher des Helmschmucks entbehrten, wurde damals ein solcher ersonnen. Im 18. Jahrhundert wurden dann die Helme grossentheils wieder durch den Fürstenmantel verdrängt, zum Theil aber neben diesem beibehalten.

Auf keinem Gebiete vielleicht ist die Mode willkürlicher verfahren, als auf dem der Prälaten-Wappen. Feste Regeln für das Aufreissen derselben gab es nicht. Einzelne Würdenträger besassen oft vier bis fünf verschiedene Wappendarstellungen; das Bisthumswappen erscheint im Herzschild oder im 1. und 4. Feld, oder als besonderer Schild, bald schmückt die Inful, bald Helme, bald Fürstenmantel das Wappen.

In der Neuzeit ist der unschöne Quastenhut, den früher nur einzelne Bisthümer, so besonders Salzburg, führten, in Deutschland allgemein üblich geworden. Für moderne Wappendarstellungen ist jede der obenerwähnten Formen zulässig; es ist jedoch zu beachten, dass Wappen von Kloster-Oberen nur dann mit der Inful geschmückt werden dürfen, wenn die betreffenden Klöster im Besitze des Infulrechtes sind. Die Inful ist ein Pontifical-Schmuck der Bischöfe, welchen die Aebte etc. nur aus besonderer Begnadigung seitens der Päpste führen dürfen. Das Infulrecht wird den Klöstern erblich verliehen. — — —

In ältester Zeit zeigen selbst die Wappen sehr hervorragender Personen nur einen einfachen Schild mit Helm. Später scheint man mitunter nur mit einem gewissen Widerstreben mehrere Wappen in einen Schild vereinigt zu haben. Damit lässt sich denn auch sehr wol der Gebrauch erklären, mehrere Schilde nicht in einen zu vereinigen, sondern jeden allein, oft mit dem entsprechenden Helm, in einer Darstellung anzuordnen. Dies war namentlich lange Zeit im bayrischen Fürstenhause gebräuchlich, dessen drei Wappen (die Wecken Bayern's, der Reichsapfel des Kurfürstenthums und der pfälzische Löwe) mit Schilden und Helmen jedes für sich oder auch nur mit einem Helm, bezw. anstatt desselben mit einer Krone, dargestellt wurden, aber nur ein Ganzes bildeten. Schon im 15., vorzugsweise aber im 16. Jahrhundert nahm jedoch die Sucht überhand, sich ein geviertetes Wappen zuzulegen (siehe Zimmern'sche Chronik, ed. K. A. Barack, Thl. I., S. 482). Jetzt ist ein geviertetes Wappen schon recht einfach, im Vergleich mit den »Landkarten«, welche aus manchen unserer fürstlichen Wappen gemacht wurden.

---

[1]) Die Niederlassungen der minder vornehmen Orden sind nur selten im Besitze eines Wappens.
[2]) Mitra, Bischofsmütze.

D. Kunstsprache und Beschreibung (Blasonirung) der Wappen.

on den bei der regelrechten Beschreibung eines Wappens anzuwendenden Kunstausdrücken können hier nur die hauptsächlichsten aufgeführt werden.[1]

Begleitet von: wird gebraucht von einem Hauptbilde, um welches kleinere Bilder stehen, ohne jenes zu berühren.

Belegt mit: von einem Bilde, auf welches ein anderes oder mehrere gelegt sind.

Besät: von kleinen Figuren, welche in unbestimmter Anzahl den Schild decken, von denen jedoch die äusseren in die 4 Schildränder halb verschwinden.

Bestreut: desgl., desgl., wo letzteres jedoch nicht der Fall ist.

Beseitet von: wenn zwei senkrecht stehende Figuren eine dritte einschliessen, oder eine senkrechte Figur zwischen zwei anderen seitlichen steht.

Besteckt mit: wenn der Rand oder die Spitze einer Figur mit anderen kleineren Figuren versehen sind; z. B. ein Thurm mit Fahne, Büffelhörner mit Blättern u. s. w.

Bewehrt mit: wird bei der näheren Bezeichnung der Waffen der Thiere, als Zähne, Krallen; bei Vögeln: Schnabel, Fänge; bei Fischen: Flossen — gebraucht.

Hervorbrechend: von Figuren, welche zu etwa ¹/₄ ihres Oberteils aus einer Krone, einem Thurm, Busch, Berg u. s. w. sichtbar erscheinen.

Redend ist ein Wappen entweder, wenn das Wappenbild mit dem Namen vollständig übereinstimmt (z. B. Henneberg: Henne auf einem Berge stehend), oder, wenn derselbe in einem geistigen Zusammenhange mit dem Wappenschilde steht (z. B. Wächter: Kranich, das Sinnbild der Wachsamkeit).

Schreitend: ein Thier, welches den rechten Vorderfuss erhoben, auf der Erde geht.

Stehend: ein Thier mit allen Füssen am Boden.

Steigend oder aufgerichtet: die gewöhnliche Stellung der Thiere (mit aufgeschlagenem Schweif), welche nicht besonders gemeldet wird.

Springend: ein Thier, welches auf den Hinterbeinen stehend, mit den Vorderfüssen sich zum Sprunge anschickt.

Wachsend: wenn aus einer Theilungslinie oder dem Schildrande eine Figur hervorkommt, welche nur zur Hälfte sichtbar ist, daher gleichbedeutend mit: halber Löwe u. s. w.

In der Mitte: eine Figur im Mittelpunct des Schildes.

Uebereinander: längliche Gegenstände, welche gleichlaufend einer über dem andern stehen. {1. 1.

Nebeneinander: 1. 1.

2. 1 gestellt: }1. 1. 1. (auch Stellung im Dreipass, wenn 3 Figuren mit ihrer Längenaxe nach einem Mittelpuncte stehen).

2. 2 gestellt.

2. 2. 1—1. 3. 1—2. 1. 2 gestellt.

3. 2. 1 gestellt, 3. 3. 1 u. s. w.

Wechselnde Farben. Dieselben entstehen in einem getheilten Schilde, wenn jedes Feld ein und dieselbe Figur enthält, welche nicht dieselben Farben haben kann, oder wenn über Feld und Figur des Schildes eine Theilungslinie gezogen ist.

Man giebt also der Figur des einen Feldes die Färbung des anderen und umgekehrt, und beschreibt z. B.: Gespalten von Silber und Roth mit 2 Sternen in wechselnden Farben.

Die Beschreibung eines Wappens kann nur dann als genügend erachtet werden, wenn dieselbe alle Anhaltspuncte gewährt, um das Wesentliche des Wappens genau und richtig zeichnen zu können. Ist dies nicht der Fall, so ist die Beschreibung verfehlt und in solchen Fällen wird eine genaue Zeichnung des Wappens erforderlich.

---

[1] Siehe »Handbuch der heraldischen Terminologie« von M. Gritzner, Nürnberg 1890.

Es ist die Färbung des Schildes vor der Theilung, die Theilung vor der Figur, die rechte vor der linken Seite, des Schildes Obertheil vor dessen unterer Hälfte, die Haupt- vor der Fussstelle, den Schildrändern und der Einpfropfung anzusprechen. Die inneren Wappentheile sind vor den äusseren und alle wieder nach der genau (Seite 1) bestimmten Rangordnung ihrer heraldischen Wichtigkeit unter sich, zu beschreiben, so dass der Schild vor dem Helm mit Kleinod und Decken, der Helm vor den Rang- und Würdeabzeichen, letztere vor den Prachtstücken abgehandelt werden.

E. Die Farben (Tincturen) und die Farbenbezeichnung (Schraffirung).

Die Farben.
(Metalle, Farben und Pelzwerk.)

ie Farben, welche in der guten heraldischen Zeit fast ausschliesslich bei Wappen in Anwendung kamen, sind:

    Gold (Gelb) } die sogen. Metalle,
    Silber (Weiss)
    Roth,[1]) Blau, Grün und Schwarz.

Ausserdem, dem Herkommen entgegen, neuerdings noch folgende:

    Purpur, ursprünglich nicht als Schildfarbe, sondern nur für Kronen, Hüte und Wappenmäntel bestimmt.
Braun,
Aschfarbe,
Eisen- und
die natürliche Farbe u. s. w.

Es sind nur helle, leuchtende Farben heraldisch verwendbar:

    Gold   mit Chromgelb gemischt; zum Schattiren Sepia, zum Aufhellen Chromgelb.
    Silber   mit Deckweiss gemischt; zum Schattiren Preussisch Blau, zum Aufhellen Deckweiss.
    Roth: Zinnober, früher auch Mennige; zum Schattiren Purpur, zum Aufhellen Mennige.
    Blau: Cobalt oder Ultramarin mit Deckweiss gemischt; zum Schattiren Preussisch Blau, zum Aufhellen Deckweiss.
    Grün: Schweinfurter Grün; zum Schattiren Preussisch Blau oder Russisch Grün, zum Aufhellen Chromgelb.
    Schwarz: zur Aufhellung Deckweiss, auch Silber oder Gold.

    Hermelin, weiss mit schwarzen Schwänzchen (nur im Schilde in der heraldischen, ausserhalb desselben, z. B. im Innern des Wappenmantels, in der natürlichen Form).
    „   als Gegen-Hermelin: schwarz mit weissen Schwänzchen.
    Feh (norwegisches Eichhorn): vorzugsweise in Silber und Blau.
    Fehwammen (Kürsch): weiss mit brauner Einfassung — u. s. w.

Die Farben[2]) sind im Werthe ganz gleich und haben in der Heraldik keine bestimmte Bedeutung.

Schon seit 1416 ist es allgemein üblich und auch früher wol stets gebräuchlich gewesen, nicht Farbe auf Farbe u. s. w. zu setzen und in einem Wappen entweder nur die Figur oder das Feld metallisch zu malen.

Bei dem Aufreissen eines Wappens mit mehreren Feldern empfiehlt es sich, in denselben Metall und Farben stets abwechseln zu lassen.

---

[1]) Auf alten Glasmalereien tritt, da hierbei der rothe sogen. Ueberfang zur Anwendung gelangt, an die Stelle des heraldischen (Zinnober-)Roth stets die Rubinfarbe. Ein aufgemaltes Zinnober-Roth findet sich, soviel bekannt, erst auf Scheiben des 16 Jahrhunderts.
[2]) Siegelschnüre an Urkunden kommen in den Wappenfarben schon vor 1224 vor.

Bei einer aus Metall und Farbe gebildeten Figur kann diese Regel nicht massgebend sein, z. B. bei einem roth silbern geschachten Adler in Blau; ebensowenig bei Nebendingen wie Kronen, Waffen der Thiere u. s. w. Letztere dürfen z. B. bei einem farbigen Thiere in goldenem Felde nicht golden sein, da durch Gold auf Gold — welches man in der Ausübung durch scharfe Umrisse, besonders sichtbar, abzugrenzen sucht — die sogen. Schattenfarbe erzeugt wird. So sollten also streng genommen die Waffen des neuen deutschen Reichsadlers, welche inner- und ausserhalb des Schildes roth sind, golden sein, wenn er nicht im Schilde steht. Nach »H. Grote, Geschichte des Kgl. Preuss. Wappens« ist diese Regel in alter Zeit so streng befolgt, dass, wenn Schild und Helm — wie beim Deutschen Reichswappen — die Figur schwarz (in Gold) haben, dieselbe im Schilde die Nebenbestandtheile roth, auf dem Helm aber golden hat.

Goldene Figuren erhalten silberne Nebenbestandtheile und umgekehrt; rothe haben blaue, blaue und schwarze, — rothe Nebenbestandtheile.

In der neueren Heraldik wendet man die natürliche Farbe und Pelzwerk sowohl auf Metall als Farben an. Alte Wappenkünstler kannten die natürliche Farbe ebenfalls, aber sie übersetzten dieselbe gewissermassen in das Heraldische, das heisst: sie nahmen für die Naturfarbe die jeweils am nächsten gelegene Wappenfarbe. Sie malten eine Rose nicht rosenroth, sondern heraldischroth, das Wasser blau, einen jungen Baum grün, einen herbstlichen roth oder golden, einen dürren schwarz; ebenso einen natürlichen Elephanten nicht grau, sondern silbern, einen braunen Hirsch nicht in seiner natürlichen Farbe, sondern roth oder schwarz, einen hölzernen Stiel nicht braun, sondern golden, roth oder silbern.

Gesichter und Hände der Menschen wurden nicht fleischfarben, sondern silbern oder zinnoberroth gemalt, die Haare roth, schwarz oder golden.¹)

Die Farbenbezeichnung (Schraffirung).

Zur Bezeichnung der Farben bei farblosen Wappendarstellungen dient die Schraffirung.²) Zur Erfindung dieses Hülfsmittels, welche Vulson de la Colombière zugeschrieben wird und von dem Jesuiten Silvester à Petra Sancta 1638 zuerst, in der noch heute üblichen Weise, angewandt worden ist, hat vermuthlich die Musterung der Felder und Heroldsfiguren geführt.

Im Style vor 1638 zu zeichnende Wappen dürfen, genau genommen, nicht schraffirt, sondern es müssen die Farben durch erhabene oder vertiefte Darstellung (mit Hülfe der Musterung) gegeben werden. Es ist üblich,

---

¹) Mit alten Farben gingen im Laufe der Zeit sehr oft Veränderungen vor, welche zu manchen Irrthümern Veranlassung gegeben haben. So erscheint durch den Rost Gold oft röthlich, Silber aber blau, grau oder schwarz.

²) Die Wappenfarben finden für die Livrée der Dienerschaft in folgender Weise Anwendung:
Da von 2 Farben die eine Metall ist, so ist für das Hauptkleid die Farbe, für Tressen, Aufschläge und Knöpfe das Metall zu wählen. Sind drei Farben vorhanden, so verwendet man 2 derselben für die Hauptbekleidungsstücke.
Bei 4 Wappenfarben, z. B. Roth-Silber, Blau-Gold, steht die Wahl frei; je 2 zusammengesetzte Farben allein, oder alle 4 anzuwenden. Es kann mithin für den Rock Blau mit Gold, für das Beinkleid Roth mit weissen Strümpfen oder umgekehrt Anwendung finden. Die Westen der Dienerschaft sind einfach gestreift in den beiden Hauptwappenfarben.
Die Cocarden zeigen die Hauptwappenfarben mit Ordnung derselben von innen nach aussen.

³) Vor Erfindung der Schraffirung kamen u. A. folgende Farbenbezeichnungen vor:
In Druckwerken und Zeichnungen:

b = Blau		
w = Weiss		
g = Gelb		Nach Virgil Solis' Wappenbüchlein
gr = Grün		vom Jahre 1555.
r = Roth		
br = Braun		
f = Feuerfarbe		

g = Gold		
w = Silber		
r = Roth		In Hans Sibmacher's Wappenbuch
bl oder b = Blau		2. Auflage, 1. Band.
s = Schwarz		
♣ = Grün (Lindenblatt)		

Planetenzeichen:

☉ Sonne = Gold	♄ Saturn = Schwarz
☾ Mond = Silber	♀ Venus = Grün
♂ Mars = Roth	☿ Merkur = Purpur
♃ Jupiter = Blau	

gemeine Figuren — unter diesen namentlich Menschen- und Thiergestalten — nicht zu schraffiren; ebenso lässt man bei Bildwerken und Denkmälern die Schraffirung der Wappen am besten fort, da dieselbe die Zeichnung unruhig macht und den Gesammteindruck wesentlich stört.¹)

Bei stehenden oder gelehnten, bezw. gestürzten Schilden bleibt die Schraffirung, da auf dieselbe die Stellung des Schildes keinen Einfluss übt, stets die gleiche. Ebenso sind die Wappenbilder nicht ihrer Form und Stellung entsprechend zu schraffiren, sondern es werden z. B. bei einem roth bekleideten, eingebogenen Arm die Striche auf der ganzen Armfläche senkrecht gezeichnet.

F. Die Bestandtheile des Wappens.

Der Schild.

an hat heraldische und nicht heraldische Schilde²) zu unterscheiden. Nur erstere kommen hier in Betracht. Es gehören dazu die als Waffenschilde wirklich gebrauchten Dreieckschilde und Tartschen, sowie die erfundenen, unten abgerundeten Renaissance- und Cartouchen-Schilde.

Die Ritterschilde des 12. und 13. Jahrhunderts, welche zugleich in der Heraldik Verwendung fanden, hatten die Form eines Keils³) oder eines fast geradseitigen Dreiecks — im Verhältniss von 10 (Höhe) zu 7 (Breite). Verschieden nach der Zeit ihrer Entstehung und Verwendung waren sie halb so gross wie der Ritter auf den Reitersiegeln aus jener Zeit. Vom Ende des 13. Jahrhunderts bis zur Mitte des folgenden nehmen dieselben nur noch ⅓ der Manneshöhe ein und verschwinden bei Reitersiegeln gegen Ende des 14. Jahrhunderts. Nur ausnahmsweise finden sie sich noch in der ersten Hälfte des 15. Jahrhunderts und erhielten sich auf Grabsteinen noch etwas länger.

Die alten Dreieckschilde⁴) waren nach vorn stark gewölbt (»convex«). Sie hatten auf der Rückseite eiserne Ringe oder Klammern zur Befestigung der Handhaben oder der Schildfessel — aus Riemen, Stricken, Thiersehnen bestehend — und wurden zu Pferde am linken Arm getragen.

Im 13., mehr noch im 14. Jahrhundert zeigen die Schilde eine weniger starke, zuletzt unmerkliche Wölbung.

Ein in der St. Elisabethen-Kirche zu Marburg befindlicher Originalschild des Landgrafen Conrad von Thüringen († 1241) ist nur wenig gewölbt.⁵)

Von O. T. von Hefner neuerdings im Schriftverkehr zur Anwendung gebracht:
r = Roth
b = Blau
gr = Grün
pp = Purpur
# = Schwarz
s = Silber
g = Gold
a = Aschfarbe.

Schwarz liess man schon auf Kupferstichen und Holzschnitten des 15. und 16. Jahrhunderts stehen, d. h. unausgehoben.
Die Schraffirung der Eisen- und natürlichen Farbe hat zuerst Professor Rink in Altdorf angegeben.
¹) In der höchsten Blüthezeit der Heraldik finden wir eine überaus geschickte und geschmackvolle Verbindung der Malerei mit der Plastik.
²) Ich unterscheide: der Schild — die Schilde (Wappenschilde), das Schild — die Schilder (Haus- und Thürschilder).
³) Ein Schild dieser Art a. d. J. 1323, unten abgerundet, kommt ausnahmsweise vor.
⁴) Es gab auch oben runde, unten spitze (die s. g. normännischen) Schilde. Die ältesten nicht heraldischen Schilde waren kreisbezw. eirund. Als eine sehr seltene Ausnahme ist der noch auf einem Siegel Conrads v. Enzberg a. d. J. 1334 vorkommende kreisrunde Schild anzusehen.
⁵) Die Schilde älterer Zeit waren gewöhnlich von Holz und wurden mit einem Klebstoff bestrichen, dann mit Pergament, Leder oder Leinwand überzogen und mit Nägeln, Spangen u. s. w. beschlagen. König Wenzel II. von Böhmen liess sich 1297 bei seiner Krönung zu Prag seinen Schild vortragen, worauf der weisse Löwe aus Perlen gebildet, mit Klauen aus Rubinen erschien. Aus feinstem Golde mit kostbaren Steinen geschmückt, war das rothe Feld hergestellt. Die weitere Verzierung der Schilde geschah durch die s. g. Stückung, d. h. durch Aufheften von Gewandstücken, Flügeln u. s. w. Später wurden die Wappenbilder auf jene Pergament-, Leder- oder Leinwand-Decke flach erhaben gepresst und ausserdem noch bemalt.
Mit dem Beginn des 15. Jahrhunderts hört die künstliche Stückung, Lederpressung und Leinwandplastik auf und an deren Stelle tritt die einfache Bemalung des mit Kreidegrund überzogenen, leimgetränkten Leders u. s. w.
Aus den Schildbeschlägen sind oftmals Wappenbilder hervorgegangen.
Schilde von Metall, meistens rund, kamen erst im 16. Jahrhundert auf.

Der ebendaselbst befindliche Originalschild des Landgrafen Heinrich († 1298) ist fast flach, wie die späteren Dreieckschilde überhaupt, welche nach den Seiten zu immer breiter werden (1384) und endlich die Spitze ganz verlieren.[1])

Die oben rechtwinkligen, unten abgerundeten Schilde (10:7), welche mehr heraldischen als kriegerischen Zwecken dienten, kamen in der ersten Hälfte des 15. Jahrhunderts (1400—1440) allgemein in Gebrauch.[2])

Gleichzeitig mit diesen Schilden erscheinen die oben rechteckigen, unten zugespitzten (in Frankreich seit dem 16. Jahrhundert fast ausschliesslich zur Verwendung kommenden) Schilde, welche jedoch im Kampfe wol nie geführt worden sind. Auch begegnet man in der zweiten Hälfte des 15. Jahrhunderts fast ganz viereckigen, an den unteren Spitzen nur wenig abgerundeten Schilden.

Schon in der zweiten Hälfte des 14. Jahrhunderts (1371) tauchen die Tartschen, s. g. Stech oder Rennschilde, auf, welche von etwa 1448 ab fast allgemein in Gebrauch kamen; auf ein und derselben Wappendarstellung zeigen sich derartige Schilde gleichzeitig mit dem Dreieckschilde (1381).[3])

Anfangs zu »Ernst und Schimpf«, später[4]) nur zum Turnier angewendet, standen diese Schilde in ihrem Grössenverhältniss zum Mann wie 1:5 und waren also weit kleiner als die alten Dreieckschilde.

Die Tartschen waren entweder viereckig, unten rund oder gekerbt, auf beiden Seiten etwas ausgeschweift, hatten in älterer Zeit eine wenig vorwärts gewölbte (»concave«) Gestalt, welche bei Renntartschen fast halbkreisförmig ausfiel, es befand sich auf der Vorderseite (rechts) ein halbkreisförmiger Ausschnitt zum Einlegen des Rennspiesses, und der Ober- und Unterrand derselben stand über die Fläche hinaus vor; — auch hatten sie oft in der Mitte einen scharfen Grat. Die mit starkem Leder überzogenen Tartschen wurden an der Schildfessel über die Schulter gehängt und — gegen Ende des 15. Jahrhunderts — zum Gestech an der linken Brustplatte durch Schrauben befestigt.

Um die Mitte des 15. Jahrhunderts verschwinden bereits die ursprünglichen Schilde und machen gegen Ende desselben fast ausschliesslich den aus der Tartsche hervorgegangenen Renaissance-Schilden Platz, welche unter der Bezeichnung: »Deutsche Schilde«[5]) bekannt sind. Dieselben unterscheiden sich von den Stechschilden dadurch, dass die Ecken und Einschnitte derselben — der Gleichmässigkeit halber — zu beiden Seiten gleichförmig erscheinen (1478, 1490).

Mit dem Siege des Renaissance-Styles erfuhren diese Schilde durch Auskerben und Aufrollen an allen Ecken eine Umgestaltung (um 1550) und erhielten endlich einen förmlichen Rahmen (Cartouche) von Schnörkeln (gegen 1560), wobei der halbrunde und flache, oder gewölbte ovale, bezw. runde Schild (um 1690) eine einfache Grenzlinie bekam.

Zu den Schilden des 19. Jahrhunderts sind die eisenhutförmigen, s. g. englischen, und die dreieckigen, oben in eine Spitze ausgebogenen, denen man übrigens schon im 11. und 12. Jahrhundert begegnet, zu zählen.

Rautenförmige Schilde, wie dieselben in der französischen Heraldik schon seit 1270 vorkommen und fast nur von Damen geführt werden, hat es in Wirklichkeit nie gegeben.

Allgemeine Regeln über den Schild.

Jedes Wappen kann in einer beliebigen heraldischen Schildform dargestellt werden, doch muss diese sich dem Helm nebst Decken u. s. w. stylgemäss anpassen.

Es ist gleichgültig, ob der Schild nach rechts — welche Stellung die allgemeine ist — oder nach links gekehrt wird. Mit der Wendung des Schildes und Helmes wechselt indessen der Begriff von vorn und hinten, oder rechts und links, folglich auch die Stellung der Schildfiguren. Es befindet sich also der erste und dritte Platz eines gevierteten, nach links gelehnten Schildes auf der linken Seite; ein rechter Schrägbalken wird ein linker, ein nach rechts sehender Adler sieht nach links u. s. w. Diese linke wird mithin zur rechten oder Vorderseite. Nur bei vielfelderigen, der Neuzeit angehörenden Wappen pflegt man von dieser alten Regel abzuweichen, indem man den Wappenschild unverändert beibehält.

Wenn Jemand in einem geradestehenden Schilde sein Wappen darstellt, so versteht es sich in der Regel von selbst, dass die Figur nach rechts gekehrt wird. Wird der Schild einfach nach rechts gelehnt, so geht mit der Schildfigur keine Veränderung vor, denn diese hat man sich stets als mit dem Schilde verbunden vorzustellen.

---

[1]) Ein rechtsseitig eingebogener Dreieckschild kommt schon 1408 auf einem Siegel des Grafen Fritz des Oettingers von Zollern vor.
[2]) Diese Schildform findet sich in Frankreich schon 1242 bei Raimund Gaucelin, Herrn von Lunel.
[3]) Ein in gleicher Weise mit dem vollständigen Wappen bemalter Schild kommt zuerst 1310 vor.
[4]) Ende des 15. Jahrhunderts kommen kleine Tartschen, halbkreisförmig gewölbt, ganz von Eisen oder Stahl vor. Die auf beiden Seiten ausgekerbten Tartschen, wie solche schon zu Anfang des 16. Jahrhunderts auftreten, sind zu den heraldischen, in Wirklichkeit nicht gebrauchten, zu zählen.
[5]) Die Bezeichnung: »deutscher, französischer, spanischer etc. Schild« für besondere Schildformen ist nicht blos entbehrlich, sondern auch — weil unbegründet und willkürlich — zu verwerfen.

Wird letzterer nach links gelehnt, so bekommt man das Spiegelbild; bei der Tartsche muss die Schildfigur ebenfalls nach links gerichtet erscheinen, wenn man den Ausschnitt dieser Seite zukehrt.

Steht das Wappen in einer näheren Beziehung zu einem bestimmten Gegenstande, welche die Hauptdarstellung bildet, z. B. zu einem Bildniss, so ist der Schild diesem zuzuwenden. Derselbe Fall tritt ein, wenn zu beiden Seiten eines solchen Hauptgegenstandes Wappen angebracht werden: die Schilde müssen sich ansehen. Dies gilt namentlich auch von den Ahnenwappen. Siehe auch Note 4 auf Seite 4.

Eine Ausnahme hiervon machen Wappen mit mehreren Helmen. Solche Wappen werden stets nach vorn gekehrt.

Der heraldische Schild hat keinen Stoff, sondern nur eine Fläche, deren Grenze das Wappen abschliesst. Da der Schild ferner weder Vorder- noch Hintergrund hat, so sind perspectivische und landschaftliche Darstellungen streng zu vermeiden.

Ein geviertetes [1]) oder mehrfelderiges Wappen eignet sich nicht immer für den Dreieckschild, sondern besser für den unten abgerundeten, welcher überhaupt für alle Darstellungen der geeignetste ist, da man ihn sowol für ein spätgothisches, als auch für ein modernes Wappen (hier etwa unten in eine Spitze auslaufend) verwenden kann.

Auf Siegeln erscheinen die Dreieckschilde, namentlich wenn sie den Helm tragen, zumeist gelehnt.

Gestürzte (auf dem Kopfe stehende) Wappenschilde[2]) zeigen das Erlöschen eines Geschlechts an.

Die Eintheilung des Schildes.

Bei der Theilung des Schildes in Felder oder Plätze ist:

A. B. Oberrand, C. D. Unterrand (beim Dreieckschilde: Spitze).
A. C. rechter, B. D. linker Seitenrand.
1. 2. 3 Hauptstelle (Schildhaupt), 7. 8. 9 Fussstelle (Schildfuss).
4. 5. 6 Mittel- (oder Balken-)Stelle.
1. 4. 7 rechte, 3. 6. 9 linke Flankenstelle.
2. 5. 8 Pfalstelle.

Es heissen also die 9 Plätze: 1 die rechte, 3 die linke Obereckstelle, 7 die rechte, 9 die linke Untereckstelle, 2 die Ortstelle, 4 die rechte, 6 die linke Hüftstelle, 8 die Fersenstelle, 5 die Herzstelle.

Der Raum zwischen 2 und 5 ist die Brust-, zwischen 5 und 8 die Nabelstelle. 1 und 9, 3 und 7, 2 und 8, 4 und 6 sind einander entsprechende Plätze.

Haupt- oder Rückschild ist ein solcher, welcher einen anderen kleineren Schild oder mehrere dergleichen trägt.

Herzschild ist ein auf der Herzstelle (5) liegender kleiner Schild.

Mittelschild ist ein in der Mitte zwischen Herz- und Hauptschild liegender Schild.

Herz- und Mittelschild haben die Form des Hauptschildes.[3])

---

[1]) In der Züricher Wappenrolle findet sich nur ein geviertetes Wappen. Auf Siegeln zuerst ein solches 1323 (Böhmen) 1386 (v. Pflugk). Vereinigung zweier Wappen auf einem Schilde schon in der ersten Hälfte des 13. Jahrhunderts.
Theilungen des Schildes in zwei Theile schon 1248.
Der Herzschild tritt zuerst 1440, 1493 auf.

[2]) Hiervon ein Beispiel schon 1330.
Die Sitte, den Schild zu stürzen, ist ursprünglich bei Trauerfällen allgemein üblich gewesen, wovon wir im Parcival des Wolfram v. Eschenbach (zwischen 1200—1207 gedichtet) mehrere sehr bemerkenswerthe Stellen finden:

80,6. »Entgegen ritt dem Helden hie
Ein Fürst des Landes Anschau (Anjou)
Trauer trug er jetzt zur Schau
des Schildes Spitz' emporgekehrt.«

(Der Held Gahmuret, Bruder des Königs von Anjou, kehrte aus dem Lande der Heiden zurück, und erfuhr auf obige Weise den Tod seines Bruders.)

91,10. »Meines Bruders Wappen sah ich tragen
Mit emporgekehrtem Ende,
Weh diesem Elende!
Wie laut der Jammer da erscholl!«

(Gahmuret sagt zu den Lehnsleuten seines verstorbenen Bruders:)

99,10. »Kehrt auf den Schild nach alter Art
Nach der Freude Brauch gebahrt:
Meines Vaters Wappen will ich tragen,
Mein Anker hat sein Land beschlagen.«

Im Sachsenrecht trug der unebenbürtige Sohn eines freien Vaters den Schild ebenfalls verkehrt um den Hals.

[3]) Diese Schilde entstehen durch Zusammenlegung mehrerer Wappen in einem Schild. Der Rang der Wappen unter einander entscheidet über deren Anbringung. So nimmt das Stammwappen in der Regel den vornehmsten Platz: den Herzschild ein; im Mittelschilde finden die minder bedeutenden und im Rückschilde die untergeordneten Wappen Platz.

Die heraldischen Bilder.¹)

Alle in der Heraldik vorkommenden Bilder werden eingetheilt in Heroldsstücke und gemeine Figuren.
Heroldsstücke sind solche, deren Ausgänge in den Schildrand verlaufen, also: Theilungen des Schildes durch regelmässig gezeichnete Figuren und Plätze, sowie Zerlegung desselben.

Zu den Schildtheilungen oder Heroldsstücken gehören u. A.:

der gespaltene Schild (2mal gespalten: 3 Plätze);
der getheilte Schild (7mal getheilt: 8 Plätze);
der schrägrechts ⎫
der schräglinks ⎬ getheilte Schild. Es gilt der Platz als der erste, welcher das von der Theilungslinie nicht berührte Obereck in sich schliesst;
der Pfal: $^2/_7$ der Schildlänge einnehmend;
der Balken: $^2/_7$ der Schildbreite einnehmend;
die Leiste: $^1/_7$ desgleichen.
die Vierung: 4 gleiche Plätze $\begin{cases} 1. & 2. \\ 3. & 4. \end{cases}$
das Schach (mehr als 16 Plätze: geschacht);
die Einpfropfung: geschieht durch Einschaltung von Figuren oder Wappen zwischen die einzelnen Felder des Hauptschildes in Gestalt einer Spitze in der Mitte des Unterrandes, oder einer gestürzten Spitze, wobei jedoch das Wappenbild des Hauptschildes nicht gespalten werden darf;
die Spitze;
der Sparren;
der Bord;
die Stufe;
der Mauergiebel; — u. s. w.

Der Turnierkragen ist ein im Schildhaupte anzubringendes und von dem Schilde selbst nicht abzugrenzendes figürliches Beizeichen in Gestalt eines abwärts gezinnten — meist aus 3 Lätzen bestehenden — Balkens, auf welchen die heraldische Regel von Metall auf Farbe keine Anwendung findet. Er diente als Unterscheidungszeichen der jüngeren Linie eines Geschlechts.

Gemeine Figuren sind solche, welche auf 3 oder mindestens 2 Seiten frei schweben: Gegenstände der Natur oder Kunst, Menschen und deren Körpertheile, erdichtete Ungeheuer u. s. w.

Von den in der Heraldik auftretenden natürlichen Figuren aus dem Thierreich sind besonders der Löwe und der Adler — als am häufigsten vorkommend — hervorzuheben.

Der Löwe²) wurde folgendermassen dargestellt:

der Kopf in älterer Zeit etwas zugespitzt, später mehr rund, meistens im Profil,³) der Rachen bald halb, bald ganz geöffnet, meist mit herausgeschlagener Zunge, Zähne sichtbar, Augen wildblickend;
der Körper sehr schlank, besonders unten mager. Im 14. Jahrhundert steht der Löwe mehr gerade, im 15. ausgebogen, anfangs ganz zottig, später mit starken Mähnen und zottigen Füssen;
die Pranken (Tatzen) in älterer Zeit als 3 Ballen in Form eines Kleeblattes mit einer Nagelzehe unterhalb, aus denen die Krallen hervorgehen. Später sind die Zehen gesondert und ausgespreizt;
der Schweif aufgebogen, anfangs ganz zottig, später mit einzelnen Büscheln. Vom 15. Jahrhundert ab häufig gespalten;
die Waffen (Zähne, Krallen u. s. w.) roth oder blau in Metall, — golden oder silbern in Farbe.

Der Leopard⁴) wird von dem Löwen unterschieden, wenn er schreitend — nach der Quere des Schildes — oder aufsteigend — nach vorn gewendet dargestellt ist und den Schweif über dem Rücken zurückgeschlagen trägt.

Der Adler⁵) zeigt eine ganz stylisirte Behandlung. Er wird auffliegend dargestellt, von vorn, den Kopf nach

---

¹) Ausführliches hierüber findet sich in der auf Seite 6, Note 1 näher bezeichneten »Terminologie«.
²) Der erste heraldische Löwe kommt 1071 auf einem Siegel des Grafen Robert von Flandern vor; in welfischen Siegeln als natürlicher, nicht vom Wappenschilde umrahmter Löwe im Jahre 1180, und mit heraldischem Gepräge 1185.
³) In der Züricher Wappenrolle finden sich hiervon nur 3 Ausnahmen bei Nr. 204, 559 und 563.
⁴) Wie man früher schreitend und stehend nicht füglich unterschied, so sollte man auch heute — wie Fürst Hohenlohe mit Recht empfiehlt — ein derartiges Thier mit seitwärts gewendetem Kopfe als Löwen, und mit dem Kopfe von vorn als Leoparden ansprechen; unter näherer Angabe der Körperstellung.
⁵) Zuerst auf dem Siegel des Pfalzgrafen Heinr. bei Rhein (ältestem Sohne Heinr. des Löwen): in der Fahne der Reichsadler 1196 und 1197.
Es ist räthlich, dem Adler nur die 7 Schwungfedern zu geben, welche der natürliche Adler besitzt.

der (rechten) Seite, die Fänge ausgespreizt, die Schwingen einen Halbkreis bildend, ausgebreitet, mit wenigen, nach unten an Grösse zunehmenden senkrechten Schwungfedern — entgegengesetzt wie bei dem natürlichen Adler —, die Sachsen (Flügelknochen) knotig und flach gebogen, der Schwanz mit rundendigen Federn, welche später — gegen das Ende des 13. Jahrhunderts — bereits ein wenig auseinandergehen.

Der Kopf in älterer Zeit aufwärts sehend, der Schnabel stark gekrümmt, etwas geöffnet — ohne Zunge bis zum 15. Jahrhundert, — dann ganz geöffnet mit ausgeschlagener Zunge, Fänge gross, unten befiedert.

Vom Ende des 13. bis zur ersten Hälfte des 14. Jahrhunderts nähern sich die Bogen der Sachsen, welche 3 bis 4 Knöpfe haben, dem Halbkreise, das Haupt tritt nach und nach in eine wagrechte Haltung, der Hals bekommt einen Bart und Nackenschopf, das Schwanzende ladet an den Seiten halbmondförmig aus und es schärft sich die unterste Spitze desselben hier und da schon etwas zu.

In der Zeit von 1350 bis Ende desselben Jahrhunderts wird das Haupt bereits etwas flach, die Fänge befinden sich nicht mehr in gleichlaufender Stellung und das Schwanzende ist an den Seiten gewellt und quergeflammt.

Von 1400—1440 Haupt und Schnabel ziemlich flach, Sachsen mit hakenförmigen Ansätzen.

In der zweiten Hälfte des 15. Jahrhunderts bekommt der Adler einen gewissen leidenschaftlichen Ausdruck: Haupt flach, Schnabel gewaltsam auseinander gezerrt, mit ausgeschlagener, manchmal hakiger Zunge, der krumme Hals mit einem Kropfe, sich sträubend, am Genick herab einzeln ausladende Federn, neben der Halswurzel entschieden emportretende Schultern, die Sachsen über die Halbkreislinie eingebogen mit 3—4 Höckern und S förmigen Haken, die Schwungfedern radförmig emporgerichtet mit Zwischenfäden. Stellung der Fänge im rechten oder sogar stumpfen Winkel, die Waffen krampfhaft und knöcherig verdreht; Schwanz mit allerlei Haken und Häkchen breit ausladend.

Von 1493—1555 ist Dürer's Zeichnung des Adlers als Hauptvorbild anzuerkennen: der Schnabel nicht so gewaltsam auseinander gebrochen, der Hals nicht so kropfig und der Winkel zwischen den Fängen bald spitz-, bald recht- oder stumpfwinklig, diese aber dabei gehörig gestreckt.

Schon in der zweiten Hälfte des 16. Jahrhunderts zeigt sich die verschrobene und weder adlernoch gut wappenmässige Stellung mit förmlichen Froschschenkeln, und empfiehlt sich die nach dieser Zeit übliche Darstellung des Adlers mit den eingezogenen Fängen u. s. w. u. s. w. noch weit weniger.

Wie die Menschen, Engel, Gottheiten u. s. w. finden auch die meisten vierfüssigen Thiere in der Heraldik Verwendung; ausserdem Vögel, Fische, Amphibien und Insecten.

Ferner erscheinen:

Figuren aus dem Pflanzenreich:

Bäume, Stämme und Zweige derselben: Linden, Eichen, Tannen, meistens ausgerissen, mit wenigen Blättern und grossen Früchten, in stylisirter Form, welche die verschiedenen Baumarten im Kleinen unterscheiden lässt, da sie nur wenige Zweige und Blätter haben.

Für die Bäume ist die aufrechte Stellung eigenthümlich, während die Stämme und Zweige, meistens mit 3 Blättern (2 oben, 1 unten) schräg oder wagrecht im Schilde angebracht werden.

Rosen: 5-, 6- und 8blättrig, nicht in der natürlichen, sondern in der heraldischen Farbe. Die 4- oder 5blättrigen Rosen waren einfach; die gefüllten (doppelten) stammen wol erst aus dem Ende des 14. Jahrhunderts.

Lilien, stylisirt.[*]

Seeblätter, in Kleeblattform durchschlagen, herzförmig.

Trauben — u. s. w.

Himmelskörper, Figuren aus dem Erdreich:

Sonne: Scheibe meistens mit menschlichem Gesicht, 16 Strahlen, gerade und geflammt, abwechselnd.

Mond: eine silberne Sichel, oft mit Gesicht (gesichtet).

Sterne: 5—8spitzig.

Regenbogen: rundbogig in den Farben Roth, Gold, Blau.

Wolken: stylisirt.

Blitz: nicht als Zickzack, sondern wie Sonnenstrahlen geflammt.

---

[*] Ueber die Lilie, welche gewissermassen als Lieblingswappenbild der romanischen Völker zu betrachten ist, während die Rose den Völkern germanischen Stammes als Wappenblume besonders werth erscheint, verweise ich auf den bemerkenswerthen Artikel A. Grenser's in der heraldisch-genealogischen Zeitschrift des Vereins »Adler« zu Wien, Jahrgang III. v. 1873: »Die Lilie in der Heraldik«.

Flüsse: wellenförmig.
Berge: gewöhnlich rund.
Felsen, Steine, Lawinen, Wasser u. s. w.

Ungeheuer,[1]) Phantasiegebilde:
Der Greif: Oberleib vom Adler, mit aufgereckten Ohren, Unterleib vom Löwen. Er hat also einen Adlerkopf, gefiederten Hals, Flügel, Krallen an den Vorderfüssen, die aufgeworfen sind, und den Bauch, die Hinterfüsse und den Schwanz gleich dem des Löwen. Der Greif wird auch schreitend, bald mit aufgeschlagenem, bald mit untergeschlagenem, d. h. zwischen den Hinterbeinen unter den Bauch gezogenem Schweif dargestellt.
Der Drache.
Der Lindwurm.
Panther, Zwitter vom Einhorn.
Das Meerweib (Melusine).
Der Jungfernadler (Harpye).
Der Doppeladler[2]) und sonstige Zusammensetzungen verschiedener Thiere.

Künstliche Figuren:
Werkzeuge, Geräthe, Waffen, Bauwerke, Kleidungsstücke, Zeichen, Marken, Münzen, Würfel, Ringe, Schindeln, Scepter, Kronen, Anker, Kreuze, Kugeln u. s. w.
Diese Gegenstände sind dem Style entsprechend zu zeichnen, den man gewählt hat. Es soll also in einem frühgothischen Wappen, das im Schilde einen Helm zeigt, nicht ein Turnier-, sondern ein Topf- oder ein Kübelhelm dargestellt werden; desgleichen ein Ringpanzer und nicht ein Plattenharnisch u. s. w. Ausnahmsweise behielt man jedoch auch ein Wappenbild unverändert bei.

Die dem Thier- und Pflanzenreich u. s. w. entnommenen Gegenstände müssen, um als Wappenbild dienen zu können, stylisirt und so im Schilde angebracht werden, dass sie denselben möglichst vollständig ausfüllen (siehe Musterung). Das Stylisiren dieser Gegenstände ist Sache des künstlerischen Gefühls, welches durch Anschauen guter Wappenbilder aus alter Zeit angeregt und wesentlich gebildet werden kann.

Man hat heraldische und natürliche Figuren von jeher streng unterschieden.[3]) Erstere sind nicht getreu nach dem Leben darzustellen, da ja die zu diesen zählenden Ungeheuer wie der Drache, Lindwurm, Greif, heraldische Panther u. s. w. in der Wirklichkeit gar nicht vorkommen. Dieselben weichen überdies von den lebenden Thieren schon durch ihre Farben ganz erheblich ab.

Eine natürliche Darstellung der Wappenbilder ist namentlich bei gothischen Wappen ausgeschlossen, während wir einer solchen in der Renaissance-Zeit ausnahmsweise, und zwar schon ziemlich früh, begegnen.

Figuren, welche nicht im Schilde, im Siegelfelde u. s. w. als Wappenbild oder auf einer Fahne stehen, sind zu den heraldischen nicht zu zählen.

Im Werthe stehen alle Wappenfiguren sich gleich.

Die Musterung (Damascirung).

Die Musterung der Felder und Heroldsstücke[4]) hat den Zweck:
die Eintönigkeit eines leeren, oder mit einer einfachen Figur belegten Schildes zu mildern durch Anbringung von gemusterten, zur Zeit der Renaissance rankenartigen Verzierungen;
den Schildraum möglichst auszufüllen und

---

[1]) Diese gehörten nach der mittelalterlichen Anschauung zu den lebenden Thieren.

[2]) Im gräflich Henneberg'schen Wappen schon seit dem Jahre 1202.
Der Nimbus beim Doppeladler erscheint zuerst nach der Kaiserkrönung Sigismund's.

[3]) Ein Siegel des Landgrafen Heinr. von Thüringen zeigt z. B. im Schilde den heraldischen Löwen, ausserhalb desselben den natürlichen.

[4]) Die gemeinen Figuren, vorzugsweise aber die Menschen- und Thiergestalten, pflegt man nicht zu mustern.

die Unterscheidung von Farbe und Metall im Schilde — für welche seit der ersten Hälfte des 17. Jahrhunderts meistens die Schraffirung in Anwendung kommt — zu bezeichnen, wobei Flächen oder Heroldsstücke auf Siegeln u. s. w. bald tief[1]) gestochen, bald erhaben gelassen wurden.

Man verfuhr hierbei ohne eine bestimmte Regel, d. h. man musterte entweder den Schild oder die Figur, indem man bei Reliefs das Muster erhaben anbrachte und bei Malereien auf farbigem Grunde mit Metall (also Schwarz mit Gold oder Silber, Roth oder Grün mit Gold u. s. w.), auf Metall mit Farben (Gold oder Silber mit Roth, Schwarz oder Blau) malte.

Aeltere Wappenmalereien zeigen die Musterung gewöhnlich nicht[2]); so z. B. die Züricher Wappenrolle aus dem Ende des 13. oder Anfang des 14. Jahrhunderts.

Die Musterung kann auch durch Anbringung einer dunklen Zeichnung auf der helleren Farbe bewirkt werden, wodurch jedoch eine weniger gute Wirkung erzielt wird.

Der Helm.

Nicht alle in Wirklichkeit vorgekommenen Helme haben in der Heraldik Verwendung gefunden.

Zu den heraldischen Helmen, welche die Bestimmung haben, ein Kleinod zu tragen, gehören:

die Topf- und Kübel-, sowie die eigentlichen Stechhelme,

welche geschlossen sind; ausserdem

die offenen Turnier- (Spangen-, Gitter- und Rost-)Helme.

Zu den zwar wappenmässigen, jedoch in der Heraldik nur selten auftretenden Helmen gehören ferner die Salade und der Burgunderhelm; beide waren verschliessbar.

In der Heraldik erscheint der Helm später als der Schild.[3])

Die ältesten heraldischen Helme sind die Topfhelme[4]), welche aus zwei, später drei bis vier, seltener aus fünf Stücken zusammengenietet waren und zuerst Ende des 12. Jahrhunderts aufkamen, wo sie dann bald allgemein in Gebrauch genommen wurden. Sie sind oben ganz flach, vorn höher als hinten und etwas weiter herabhängend, und folgen meistens der Wölbung des Gesichts. Bald mit schmalen, bald mit ziemlich weiten Augenschlitzen, meistens mit darunter befindlichen Luftlöchern und bisweilen auch mit einer kreuzförmigen Verstärkung von breiten Eisenspangen versehen, wurden diese schweren, einem eisernen Topfe ähnelnden Helme über den Kopf gestürzt, auf dem sie eigentlich nur hingen. Unter diesen, wie mehr oder weniger alle heraldischen Helme über den Kopf gestürzten Streithelmen, wurden wahrscheinlich die ältesten, oben flachen eisernen Kesselhauben (Bassinets) mit einer sogenannten Halsbrünne getragen, welche noch bis zum Ende des 14. Jahrhunderts die Unterlage des Helms bilden, aber später rund und zugespitzt waren.[5])

Ende des 13. und Anfang des 14. Jahrhunderts sehen wir den gewöhnlich nicht auf den Schultern aufsitzenden Topfhelm in einen beträchtlich weiteren, jene Eigenschaft besitzenden, mehr walzenförmigen, oben rund oder flachkegelförmig geschlossenen übergehen. Derselbe hatte mit den älteren die, meistens durch einen Rand verstärkten Augenschlitze (über dem Sehschnitt bisweilen durch einen aufgenieteten Steg bedeckt) gemein, diente während des ganzen 14. Jahrhunderts im Streit und Turnier und wird mit dem Namen »Kübelhelm« bezeichnet. In der Regel aus fünf mit Nägeln zusammengenieteten Eisenstücken (die vorderen über den hinteren, die unteren über den oberen Platten liegend) bestehend, hat der Kübelhelm unter dem Augenschlitze mehrere Löcher, oft auch in der Mundgegend gitterförmige Durchbrechungen, um das Athmen zu erleichtern.[6]) Ferner finden sich an der rechten Seite, oft auch beiderseits, kreuzförmige Oeffnungen, mittels welcher eine durch dieselbe gezogene

---

[1]) Auf mittelalterlichen Siegeln wurden beim Graviren der Stempel in der Regel nur die Metalle gemustert. Vertiefte Figuren erscheinen in der Photographie erhöht, wenn man dieselben nicht in ganz richtigem Lichte betrachtet.

[2]) Im Hortus deliciarum der Herrad von Landsperg aus dem 12. Jahrhundert sieht man nur einen Wappenschild mit einem gemusterten Schrägbalken.

[3]) Auf Reitersiegeln erscheinen heraldische Helme zuerst 1220, 1252, beim niederen Adel 1279.
Siegel, nur mit Wappenhelm im Siegelfelde, kommen zuerst 1231 vor (Graf Dietrich von Bercha).

[4]) Ich unterscheide hier die älteren und jüngeren Formen, indem ich dieselben »Topf-« bezw. »Kübel«-Helme nenne.

[5]) Schon 1278 gab es in England lederne Sturzhelme (theilweise vergoldet und versilbert) zum Turniergebrauch. Die Topfhelme wurden heraldisch bemalt.

[6]) Da sich der Kopf während des Kampfes mehr auf die linke Seite legte, so finden sich oft nur auf der rechten Seite des Helms Luftlöcher; was auch bei Helmen späterer Art vorkommt.

Die Helme wurden mitunter über das gugelartige Panzerhemd, welches man über den Kopf zog, gestürzt.

Kette auf der Brustplatte des Lendners (Ringpanzers) befestigt wurde, um den Helm vor dem Herabfallen zu sichern.[1]) Dies zu verhindern, dienten auch wol Bänder, wie solche, auf alten Siegeln, unten am Topfhelme sich zeigen.

Nicht alle Kübelhelme, namentlich nicht die älteren, scheinen bereits zur Aufnahme eines bildnerischen Helmschmucks eingerichtet gewesen zu sein, da an denselben die später, z. B. bei den Stechhelmen vorhandenen Vorrichtungen zur Befestigung desselben mitunter fehlen.

Die Kübelhelme waren von Eisen (oftmals mit Hintertheil von Leder oder Holz, durch Spangen mit dem Vordertheil verbunden), vergoldet, versilbert, schwarz mit goldnen Spangen, d. h. mit vergoldeter Fassung und bemalt. Sie hatten eine Höhe von 30—36,7 cm, waren 36 cm breit und ebenso tief. Ein solcher Helm (deren es überhaupt nur noch wenige giebt) in Wien ist von unten bis zum ersten Sehschnitt ca. 28 cm lang und hat vorn einen feinen Grat.[2])

Ende des 14. Jahrhunderts, schon 1375 bezw. in der ersten Hälfte des 15., treten zwei neue Helmgattungen[3]) auf, welche ausschliesslich zum Turnier bestimmt waren und bis auf den heutigen Tag zu den heraldischen Helmen zählen:

der Stechhelm für die Gestechc mit der Lanze,[4])

der Turnier- (Spangen- und Rost-)Helm für hölzerne Kolben[5]) und stumpfe Schwerter.

Bei dem Stechhelm ist das untere, den Hals deckende Vorderstück — welches in seiner älteren Gestalt geradlinig erscheint — stark ausgeschweift und schliesst sich — in der Angengegend scharf vorspringend — an den oberen Theil an.[6]) Hier sind die Augenschlitze angebracht. Bei den späteren Stechhelmen erhebt sich das untere Vorderstück über das obere und ist dann ein Spalt über den Augen und der Nasenwurzel offen. Der Helm, welcher fast 20 Kilo wog und weit schwerer als der Topf-, Kübel- und Spangen-Helm war, wurde stets aus Metall (Eisen) gefertigt und wie die Spangen- und Rosthelme mit Tuch (meistens wol von rother Farbe) gefüttert. Er wurde auf dem unbedeckten Kopf oder auf eine Tuchkappe gesetzt und schloss sich eng an Brust und Nacken an. Sowol der Stech- wie der späte grosse Kübelhelm wurden nicht vom Kopfe getragen, sondern von den Schultern, so dass sich der Kopf in diesen Helmen, gleichsam wie in einem Gehäuse, bis zu einem gewissen Grade frei bewegen konnte. Die Befestigung des Stechhelms am Harnisch geschah mittels Schrauben oder Schnallen, bezw. Haken an einem beweglichen Stahlstabe.

Unter den Topf- und Kubelhelmen gab es solche, welche statt des Augenschlitzes und der Luftlöcher bereits kleine Spangen über dem Schlitze zeigen. Durch entsprechende Verlängerung der Spangen und Bügel — sie erscheinen anfangs als aus dem Vordertheil des Helmes getrieben, und man bemerkt bei den gedrehten und gewundenen Bügeln die Einfügung derselben vermittelst Nieten oder durch besondere Metallfassung der Augenöffnung — entstanden in den 30er Jahren des 15. Jahrhunderts (schon 1414 und früher kommt ein Spangenhelm vor) die eigentlichen Spangenhelme, und noch im Laufe desselben Jahrhunderts die Rosthelme durch Hinzufügung von Querstäben.

Die ebenfalls an Hals und Rücken sich fest anschmiegenden und oben mehr der Kopfform sich annähernden Spangen- und Rosthelme waren von Eisen und Leder, oder auch aus beiden Stoffen gefertigt und erheblich leichter als die Stechhelme.[7])

Die Wölbung der Spangen, Bügel und Roste artete schliesslich in Uebertreibung aus.

Die Fütterung der Helme ist in heraldischer Anwendung roth.

Gegen das Ende des 15. Jahrhunderts bediente sich auch der niedere turnierfähige Adel der Spangenhelme, welche höher im Werthe standen als der Stechhelm, und in der zweiten Hälfte des 16. Jahrhunderts ausschliesslich als adelige Helme betrachtet wurden.

---

[1]) Die Kreuze fehlen oft ganz, in welchem Falle dann etwa durch Schnallen und Riemen die Befestigung an Schulter und Brustplatte bewirkt wurde.

[2]) Der Helm (ob echt?) ist Eigenthum des Grafen Hans von Wilczek. Ausserdem finden sich solche im Kaiserl. Waffensaal zu Wien, im Museum zu Kopenhagen, in der Ruhmeshalle zu Berlin, in der Sammlung von Llewelyn Merik zu Goodrich-Court in Herefordshire, im Musée de l'Arsenal zu Paris u. s. w.

[3]) Beide Gattungen kamen nur ausnahmsweise (in der zweiten Hälfte des 16. Jahrhunderts) mit der Einrichtung zum Oeffnen vor, welches dadurch möglich wurde, dass der vordere untere Theil derselben um einen Niet aufwärts über dem feststehenden Kopftheil beweglich war, wodurch die Halsöffnung erweitert werden konnte.

[4]) Diese Lanzen waren, nach einem noch im Münchener National-Museum befindlichen Original, 398 cm lang. Die Lanze diente zum Rennen im Krönling. Sie ist aus Tannenholz, hat eine dreizinkige, von Schmiedeeisen hergestellte Spitze (welche auf dem Schaft mittels der Höhlung des Eisens aufgesetzt wurde) und eine Brechscheibe. Diese befindet sich unten, in der Höhe von 82 cm an dem im Umfange 25 cm messenden Schaft.

Zwei im Gräflich Erbach'schen Waffensaal vorhandene Turnierlanzen messen 3,57 cm. Sie haben eine in 4 stumpfe Spitzen auslaufende 18 cm messende Krone, sind unten gerieft und zeigen eine eiserne, im Durchmesser 25 cm grosse Hand- oder Brechscheibe.

[5]) Ein zu Erbach (im Odenwalde) befindlicher Turnierkolben misst 28,5 cm und hat eine gerieft Eisenscheibe.

[6]) Die scharf vorspringende Spitze hatte den Zweck, den Lanzenstoss aufzufangen, welcher durch Zurücklegen des Kopfes im Augenblick des Stosses unschädlich gemacht wurde und über der Helmkappe abgleiten konnte.

[7]) Von alten, aus Metall gearbeiteten Spangenhelmen ist, soweit uns bekannt, kein Exemplar erhalten geblieben. Es lässt sich wol annehmen, dass die auf Bildwerken u. s. w. in der verschiedenartigsten Form auftretenden Spangenhelme nur in wenigen Fällen wirklichen Waffenstücken nachgebildet sind.

Die bereits um die Mitte des 15. Jahrhunderts (1463) auftauchenden Saladen (Rennhute, Schelern), welche anfangs des 16. Jahrhunderts allgemeiner in Gebrauch kamen, dienten zum »Stechen im hohen Gezeug« und vorübergehend zu heraldischen Zwecken, da sie mitunter den Helmschmuck trugen, was die zur Befestigung des Kleinods bisweilen angebrachten Löcher beweisen. Neben den Saladen kommen zum Stechen und sogenannten Scharfrennen noch die alten Kübelhelme vor.

Die Schalenhelme wurden ähnlich wie ein Hut oder eine Mütze getragen, hatten theils einen beweglichen, theils festen Nackenschutz und kamen bald mit Visir, bald ohne ein solches, jedoch stets mit einem Sehschnitt vor und waren so eingerichtet, dass sie auf ein an der Brustplatte befestigtes Kinnstück (Barthaube) passten.

Aus den Saladen gingen vermuthlich die Burgunderhelme, die jüngste Art wirklicher Kriegshelme (etwa um's Jahr 1500) hervor, welche mit einem kurzen engen Halse versehen waren, ein Visir zum Aufschlagen hatten und an der Seite geöffnet werden konnten. Auch diese Helme erscheinen mit heraldischen Abzeichen, aber erst zur Zeit des Verfalls der Heraldik.

Schliesslich sind noch die sogenannten goldenen Königshelme zu erwähnen, welche mit offenem Visir, nach vorn gekehrt und roth gefüttert, dargestellt wurden.[1]

Halskleinode

sind an Ketten oder Bandern befestigte unwesentliche Ehrenzeichen (persönliche Abzeichen von Turnier- und Adelsgesellschaften) und finden sich gegen Ende des 15. Jahrhunderts zuerst bei Spangenhelmen, dann gegen 1550 an den sogen. adeligen Helmen allgemein. Sie wurden etwa 50 Jahre später in bürgerlichen Wappenbriefen als am rothen Bande getragen dargestellt.

Allgemeines über den Helm.

Wie zu einem Wappen nur ein Helm gehört, so sollten folgerichtig auch für ein aus mehreren zusammengesetztes Wappen nur eine entsprechende Anzahl von Helmen gehören.

Ein Schild mit mehreren Helmen ist stets gerade zu stellen.

Mehrere Helme[2]) auf einem Wappenschilde sind nach Verhältniss kleiner zu zeichnen.

Die Stellung des Helmes ist gleichgiltig. Das Helmzeichen muss jedoch unbedingt der Richtung des Helmes folgen, sofern es eine verschiedene Vorder- und Seitenansicht hat.[3])

Der Helm steht auf dem Wappenschilde in der Weise, dass das Bruststück des Helmes auf dem Oberrande ruht und ein wenig die Ortstelle überdeckt. Der Helm soll also nicht mit seinem Bruststück auf dem Oberrande des Schildes balancirend dargestellt werden. Wird der Schild gelehnt, so steht der der Richtung des Schildes entsprechende seitwärts gekehrte Helm auf dem erhöhten Obereck.

Die Anzahl der Bugel an einem Spangenhelm ist in der deutschen Heraldik ohne Bedeutung.

Helme können beliebig Menschen und Thieren, welche als Schildhalter dienen, aufgestülpt oder neben den Schild gestellt werden, wenn ihrer sehr viele sind. In letzterem Falle können die Schildhalter auch Helme in den Händen tragen. (Siehe jedoch »Schildhalter«.)

Zu Helmsiegeln[4]) eignen sich namentlich diejenigen Wappen, welche eine Wiederholung der Schildfigur zeigen.

Bei zwei gegen einander gekehrten Helmen ist der rechtsseitige der erste.

Bei drei Helmen ist der mittlere (vorwärts gekehrte) der erste, rechts der zweite, links der dritte.

Bei einer ungeraden Zahl der Helme, die grösser ist als drei, stellt sich die Rangordnung so:

6. 4. 2. 1. 3. 5. 7.

und es sind die äusseren Helme dem mittelsten zuzukehren.

Bei einer geraden Zahl der Helme gilt diese Rangordnung:

5. 3. 1. 0. 2. 4. 6.

und es sehen sich alle sechs Helme gegenseitig an.

---

[1]) Es ist dies jedoch ein heraldischer Ranghelm französischer Erfindung, der mit den aus Frankreich gekommenen Lehrschriften erst im 18. Jahrhundert bei uns Eingang fand.

[2]) Zwei Helme kommen vereinzelt schon in der zweiten Hälfte des 14. Jahrhunderts vor; beim niederen Adel zuerst auf einem Wappenschilde des Ritters Matthes Slik zu Eger a. d. Jahre 1436, welcher den nicht zum Schilde gehörigen Helm auf Grund seiner Erhebung in den Freiherrenstand zur »Vermehrung« des Wappens verliehen erhielt.

Drei Helme zuerst 1491 (von Törring).

[3]) Bei den gelehnten Dreieckschilden findet man den Helm mitunter nach vorn gerichtet.

Ein nach links im Halbprofil gestellter Helm erscheint 1361 als einziges bekanntes Beispiel.

[4]) Zuerst vorkommend in der ersten Hälfte des 14. Jahrhunderts.

Das Helmkleinod.
(Zimier, Helmschmuck, Helmzeichen, Helmzier.)

Das Helmkleinod ist ein am Helm plastisch angebrachtes sinnreiches Unterscheidungsmittel der Wappen, welches einestheils zur Kenntlichkeit und zum Schmuck derselben wesentlich beiträgt, anderentheils einen geistigen und bildlichen Zusammenhang mit dem bezüglichen Wappen vor Augen führt.

Kleinod und Helm sind als ein zusammengehörender Theil zu betrachten,[1]) und streng genommen ist das eine ohne den anderen nicht denkbar.[2])

Um Helmkleinode und Kleinodhelme wurde im Turnier mit Schwert und Kolben gestritten.

Sehr wahrscheinlich wurden die Helmkleinode in vielen Fällen auch im Kriege geführt, wie aus manchen Ueberlieferungen geschlossen werden muss.

Den ersten Anlass zur Anwendung der Helmkleinode mögen vielleicht die in den ältesten Zeiten wirklich getragenen Adlerbüsche, Stierhörner etc. gegeben haben, jedoch sind als unmittelbare Vorläufer der Kleinodhelme die bis zu Anfang des 13. Jahrhunderts mit Figuren bemalten Beckenhauben und Topfhelme anzusehen.[3])

Erst in der zweiten Hälfte des 14. Jahrhunderts tritt das Kleinod als ein feststehender Bestandtheil der Geschlechtswappen auf.

Der Wulst (Pausch). — Die Helmkrone.

Bei den Topf- und Kübelhelmen wurden die Kleinode an den Seiten derselben angebracht.[4]) Bei den Stech- und Turnierhelmen geschah die Befestigung am Obertheil derselben:

    durch oder mit den Helmdecken, durch den Wulst[5]) (eine kranzartig gewundene, aus dem Helmhang entstandene Binde aus mehrfarbigem Zeug),

    oder

    durch die Krone,

    oder

    durch von den Helmdecken ausgehende Tuchhülsen etc.

Als Vorrichtungen zur Befestigung des Kleinods dienten Löcher im Helme, sowie Schrauben, Stäbchen und Ringe.[6])

Das Helmkleinod wurde z. Zt. seines ersten Auftretens und auch später noch sehr klein getragen, dann aber unverhältnissmässig gross: 36—42 cm hoch.[7])

Kleinode mit ihren Rechten waren verkäuflich und hatten den gleichen Werth wie das ganze Wappen.[8])

Die Kleinode bestanden aus Leder, Pappe, Filz, Tuch, Leinwand, Holz, Blech, ausgestopften Thierbälgen, Flechtwerk u. s. w.

---

[1]) Frei in der Luft schwebende Kleinode oder Theile desselben sind widersinnig, da Kleinodhelme wirklich getragen wurden.

[2]) Ausnahmen auch hier, so: 1) bei einem Siegel Erichs von Rabiel, Propst zu Halberstadt v. J. 1412, welches den zum Fluge bereiten Adler unmittelbar auf das erhöhte Schildobereck gestellt zeigt; 2) die Büffelhörner unmittelbar auf dem Schilde stehend, auf einem Siegel Otto's v. Wensine a. d. J. 1364; 3) ein Hund, auf einem Kissen sitzend, welches ebenfalls unmittelbar auf dem erhöhten Schildobereck ruht (Siegel Johanns v. [Volkmars?] a. d. 15. Jahrhundert).

[3]) Diese Bemalung an den Seiten der Helme kommt vereinzelt noch bis 1485 neben und mit dem plastischen Kleinod vor.

[4]) Aeltestes bekanntes Helmkleinod auf dem Siegel des Grafen Joh. von Spanheim 1225. Beim niederen Adel später, aber mehr willkürlich, bis zu Anfang des 15. Jahrhunderts, wo erst bestimmte Kleinode sich zeigen.

Auf einem Siegel des Grafen Egeno von Eichelberg vom Jahre 1237 befindet sich das Kleinod ganz vorn am Helm befestigt.

[5]) Schon 1294 kommt ein Wulst und eine gelbe Krone als Bindeglied vor. Letztere, welche noch im 14. Jahrhundert auf deutschen Helmen selten erscheint, stand bei den oben flachen Helmen unmittelbar auf denselben, zwischen dem Kleinod.

Helmkronen bezeichneten ursprünglich die königliche Würde. Schon 1254, 1287 treten jedoch gekrönte Helme, welche nicht mehr die königliche Würde bezeichnen, bei Herzögen von Oesterreich (in der Züricher Wappenrolle befinden sich nur zwei Wappen mit Helmkronen — was als eine besondere Auszeichnung zu betrachten —, Kärnthen und Oesterreich) und in der ersten Hälfte des 14. Jahrhunderts zuerst beim hohen und niederen Adel auf. Anfangs sehr vereinzelt, bis dann im 15. Jahrhundert die adeligen Helme stets gekrönt erschienen, wodurch die Kleinode oft sehr entstellt wurden. Die Kronen kommen auch farbig vor: roth, blau, grün, doch nur ausnahmsweise und nur bei Wappenfiguren.

[6]) Auch Hüte, Köcher, Kissen etc. dienten als Hülfskleinode, zur Befestigung des Kleinods und zur Verhüllung der Haltmittel.

[7]) So das Brackenkleinod auf einem Oetting'schen Helm v. J. 1353.

[8]) Siehe jedoch Seite 2, Note 4.

Es kommen als Helmkleinode[1]) vor:
1) **Büffelhörner.** Zuerst natürlich, kurz und gedrungen, etwa bis zur Hälfte des 14. Jahrhunderts;[2]) dann neigen die Spitzen nach aussen, bleiben selbst aber noch ziemlich klein bis zu Anfang des 15. Jahrhunderts, bis sie erst allmälig schlanker, zweimal gebogen, oder oben gerade abgeschnitten werden, beziehungsweise einen schalenförmigen Ansatz (1490) und schliesslich Mundlöcher erhalten.
2) **Flüge.** Erscheinen anfangs schirmbrettartig, dann mehr den natürlichen Flügen[3]) nachgebildet und wurden wie andere geeignete Kleinode häufig mit Wappenbildern belegt.
Offener Flug: nur bei nach vorn gekehrten Helmen.
Geschlossener Flug: von der Seite gesehen.
Flügel: ein halber Flug.
3) **Federn und Federbüsche.** Anfangs gänsefederartig, gerade, später (Anfang des 15. Jahrhunderts) oben übergeschlagen.
4) **Hüte, Mutzen.**
5) **Rümpfe, wachsende Menschen und Thiere.**[4])
6) **Schirmbretter, Fahnen, Köcher** und
7) jede **Figur** oder jeder **Gegenstand**, welcher für den Schild anwendbar ist.

Manche Helmkleinode eignen sich am besten zur Darstellung von vorn, andere lassen sich nur von der Seite und wieder andere von vorn und von der Seite anbringen. Man hat stets zu beachten, was man abbildet. So darf z. B. der geschlossene Flug nicht bei einem nach vorn gekehrten Helme und nur dann bei einem seitwärts gestellten gebraucht werden, wenn beide Theile des Flugs, von vorn gesehen, mit demselben Wappenbilde belegt sind. Da jedoch bei dem geschlossenen Flug nur die Rückseite des rechten Flügels sichtbar bleibt, so kann diese mit dem Wappenbilde belegt werden. Verschieden belegte Flüge sind nur von vorn zu geben.[5])

Die schlechteste Zeit der Heraldik hat oftmals die Kleinode wie die Schildfiguren nach rechts gekehrt, mochte nun Helm oder Schild nach vorn oder gar nach links gerichtet sein.

Die Helmdecke.

Die Helmdecken hatten ursprünglich wol einen thatsächlichen Zweck und verdanken ihre Entstehung nicht nur dem Wunsche einer Erhöhung des Waffenschmucks, wozu farbenprächtige und reich gefaltete, lustig im Winde flatternde Tücher allerdings beitrugen. Zugleich dienten Kleinode und Decken gegenseitig zu ihrer Befestigung und letztere verdeckten ausserdem die Verbindungsstellen der ersteren mit dem Helm.

Im 13. Jahrhundert kamen noch Kleinode ohne Decken und solche ohne Kleinod vor.

Die ersten bekannten Helmdecken (s. ein Siegel des Grafen Egon zu Freyburg v. J. 1284), welche wirklich getragen wurden, bestanden aus einem kurzen einfachen Stück Tuch[6]) oder einem breiten Band und wurden bald in Mantel- oder Kragenform, hängend, fliegend oder naturgemäss gefaltet und unausgezaddelt dargestellt[7]); noch bis Ende des 15. Jahrhunderts und oft in der sehr gefälligen Art, dass das Kleinod mit den Decken aus einem Stück besteht.

Schon im 14. Jahrhundert (1389) wurden die Decken länger und zu beiden Seiten aufgezogen, an den äusseren Rändern eingeschnitten (gezaddelt), dann in mehrere Streifen zerschnitten und wiederum gezaddelt (1420).

Mitte des 15. Jahrhunderts erscheinen die Decken als blattartig ausgeschnittene lange Bänder, im Einzelnen ähnlich der gothischen Kriech- oder Kreuzblume. In der zweiten Hälfte des 15. Jahrhunderts werden die reichsten künstlerisch schönsten Decken, welche oft die ansprechendsten Formen zeigen, angetroffen. Im 16. Jahrhundert

---
[1]) Die Lindenzweige bildeten vielleicht den ältesten deutschen Helmschmuck.
[2]) Die wirkliche Kopfhaut (Grind) des Ochsen ist um diese Zeit aber wol nicht mehr geführt; man sieht jedoch in echt heraldischer Weise die Kopfhaut eines Ochsen so über den Helm gezogen, dass jene den letzteren in sich birgt.
[3]) Schon in der Weingartener Liederhandschrift und in der Züricher Wappenrolle kommen sehr natürlich dargestellte Flüge vor.
[4]) Um grosse Flächen vor dem Zerbrechen zu schützen, wurden diese, z. B. die Flügel eines Adlers, durch Spangen zu befestigen gesucht.
Aus dem festen Theile der Flügel, den s. g. Sachsen, sind vielleicht später die Kleeblattstengel entstanden.
[5]) Auf Reitersiegeln sieht man oft das Helmkleinod auf der Kopfrüstung des Pferdes, zwischen den Ohren angebracht.
[6]) Letzteres war zuweilen zu einem Knoten in der Mitte geschürzt und an den Enden mit Quasten, Schellen u. s. w. besetzt. Die ältesten Helme finden sich oft abgebildet mit kleinen Bändern, welche unten aus demselben hervorkommen.
[7]) Die Decke wurde mitunter mit dem vollständigen Wappen oder Theilen desselben bemalt.
Fliegende Decken finden sich meistens auf Reitersiegeln, während auf sonstigen Darstellungen ein mehr künstlicher oder ruhiger Faltenwurf vorherrscht.

finden wir im Einzelnen sehr ausgebildete, dem Acanthus der Alten in der Gestalt gleichende Blätter, doch leicht und zierlich im Wuchs. Daneben kommt auch während des 17. Jahrhunderts wieder vielfach das als Mantel gefaltete Tuch in Anwendung.

Bereits in der ersten Hälfte des 16. Jahrhunderts (1529) werden die gezaddelten Decken durch vielfach ausgeschnittene und wieder gezaddelte ersetzt, bis ihre Form allmälig immer unruhiger und unverständlicher wird.

Die schlechtesten und geschmacklosesten Decken bringt das 17. und 18. Jahrhundert.

Die Grösse der Helmdecken wuchs im Laufe der Jahrhunderte und artete, namentlich in der Renaissance-Zeit, in Formen aus, die für den wirklichen Gebrauch unmöglich sind.

Ob die Decken gleich von vorn herein die Farben des Wappens trugen, ist nicht nachweisbar, jedenfalls waren dieselben aber häufig einfarbig (im 14. Jahrhundert); die Regel bildeten zweifarbige, d. h. mit einem andersfarbigen Stoffe gefütterte Decken; dreifarbige kommen schon selten vor, und vierfarbige Decken, welche nur bei zwei Helmen gerechtfertigt sind, gehören der Neuzeit an. Für die Farben der Decken sind die des Wappenschildes massgebend.

Bei neueren Wappen mit Krone und Wulst ist es üblich, Metall innen, Farbe aussen zu malen, wenn nicht das Helmkleinod unmittelbar in die Decken übergeht, wobei ersteres über die Anwendung der Farben entscheidet. Im Mittelalter kannte man noch nicht bestimmte Regeln hierüber, wie die Neuzeit dergleichen aufgestellt hat.

Die ersten Helmdecken wurden wol meistens aus Tuch oder Wollstoff, die des 15. und 16. Jahrhunderts aus leicht getriebenem Blech (?), Lederpressung, gestreifter Leinwand u. s. w. hergestellt.

Ein Weglassen der Decken auf einem Helm ist ebenso zu vermeiden, wie die Darstellung des letzteren ohne Kleinod.

Die Rang- und Würdezeichen.

Unter diesen kommen hier hauptsächlich

die Rangkronen

in Betracht, welche bei Familien dynastischen Ursprungs wol frühestens 1370[1]), häufiger schon zu Ende des 15. Jahrhunderts, beim niederen Adel aber erst in den neunziger Jahren des 17. Jahrhunderts auftreten.

Die Rangkrone ist mit der Helmkrone nicht zu verwechseln. Erstere steht auf dem Schilde an Stelle der Helme, letztere ist stets eine vierblättrige Krone (3 Blätter sichtbar), welche sowol als Bindeglied zwischen Helm und Kleinod, als auch zur Krönung von Wappenthieren — vorzugsweise von Löwen und Adlern[2]) — im Schilde und ausserhalb desselben Verwendung findet.

Die alte, oben stets offene Königskrone bestand aus einem mit Steinen und Perlen besetzten, goldenen oder silbernen Reif und war meistens mit 4 Blättern besetzt, wovon jedoch nur eines vollkommen sichtbar erscheint, während die beiden übrigen, der Rundung wegen, nur halb zu sehen sind. Diese Laubkrone, welche bei gothischen Wappen ausschliesslich anzuwenden ist, blieb bis auf den heutigen Tag in Gebrauch, jedoch nur als Rangzeichen für die niedrigste Adelsstufe.

Dadurch, dass man eine farbige Mütze unter der Krone trug und jene mit Metallreifen überwölbte, entstanden wol die geschlossenen Kronen mit Spangen und Bügeln, welche heute den Namen:

Königskrone (mit 5 Spangen, jedoch ohne Futter, seit dem 16. Jahrhundert vorkommend),
Grossherzogliche und
Herzogliche Krone u. s. w.

führen.

Der Reichsapfel mit dem Kreuz auf den Kronen ist als Sinnbild der Oberherrschaft anzusehen.

Als gräfliche Rangkrone kommt zuerst eine sehr reiche und schöne Laubkrone vor, aber bereits Ende des 17. Jahrhunderts begegnen wir Kronen, bestehend aus einem mit Steinen und Perlen besetzten Goldreif, welcher 16 Perlen, wovon 9 sichtbar, trägt, die späterhin auf Spitzen gesteckt erscheinen. Diese Krone ist noch heute das gräfliche Rangzeichen; für die Freiherren ist solches eine 12 bezw. 7perlige (in älterer Zeit ein mit einer Perlenschnur umwundener Metallreif), für Edelleute eine 8- bezw. 5perlige Krone. Die letztere wird in Deutschland amtlich nicht verliehen.

Bestimmt festgesetzte Kronen führen viele Souveraine; so neuerdings auch das deutsche Kaiserhaus.

Kronen sind auf der Mitte des Schildoberrandes und nicht über demselben schwebend anzubringen, dürfen auch nur im richtigen Grössen-Verhältniss (wobei davon auszugehen, dass die Krone für den Kopf des Schildträgers bestimmt ist) dargestellt werden.

---

[1]) Siegel der Anna von Stubenberg, Tcht. Hertneids von Pettan, 3. Gemahlin Frdr. III. von Stubenberg, a. d. Jahre 1370.

[2]) Gekrönte Adler kommen seit Mitte des 13. Jahrhunderts vor. Löwen, gekrönt, schon in der ersten Hälfte des 13. Jahrhunderts; z. B. auf dem Wappenschilde Conrad's von Thüringen a. d. Jahre 1241.

Widersinnig ist es, auf den Schild die Krone und auf diese noch den Helm mit oder ohne Kleinod zu setzen, da nur Helm oder Krone in Wirklichkeit getragen werden kann. Ebenso unheraldisch ist es, auf die Krone über dem Schilde (welche Darstellung für Damen die geeignetste ist) unmittelbar das Kleinod zu stellen.[1])
Nachahmungswürdig für geeignete Fälle erscheint die schwedische Sitte, die 7 perlige Freiherrenkrone zwischen den beiden Helmen über dem Schilde anzubringen.

Rangkronen lassen sich über Namenszügen, Monogrammen u. s. w. in angemessener Weise verwenden.

Die Hüte und Mützen.

Hierher gehören u. A. der:

Kurfürstenhut (in ältester Zeit eine purpurfarbige Mütze mit Hermelinstulp, seit dem vorigen Jahrhundert mit Spangen verziert),

Fürstenhut, woran 3 Spangen über der Mütze sichtbar,

Cardinalshut, roth mit 15 Quasten an der Seite,

Erzbischofshut, grün mit 10 dergleichen,

Bischofshut, grün mit 6 dergleichen u. s. w.

Ausserdem haben die höheren Geistlichen noch Mützen aus weissem Brocat mit Goldborten und Edelsteinen besetzt, nach ihrem Range in besonderer Form.

Die Orden.

Es kommen hier hauptsächlich die Abzeichen geistlicher Ritterorden: der Templer, Deutschordensritter, Johanniter und Malteser, sowie die der Rittergesellschaften etc. und die von den Regenten zur Belohnung von Verdiensten, bezw. für Gunstbezeugungen etc. gestifteten Orden in Betracht.

Von letzteren waren die hervorragendsten:

1. der Hosenbandorden (gestiftet 1349),
2. der Orden des goldenen Vliesses (gestiftet 1429),
3. der Schwanenorden (gestiftet 1440),
4. der Elephantenorden (gestiftet 1450),
5. der französische St. Michaels-Orden (gestiftet 1469) u. s. w.

Diese Orden erscheinen schon ziemlich früh und nach Raum und Umständen:

bald im Schilde als Obereck (1353),

bald neben dem Wappen, bald ober- und unterhalb desselben oder mit dem Schilde geviertet[2]) (15. Jahrhundert),

bald im Schildhaupt (1581) oder in einem Schildchen am Helm, als sogen. Halskleinod[3]),

bald legte man den Schild auf das Ordenskreuz, so dass die vier Arme hinter ersterem hervorsahen, oder man stellte das Kreuz ausserhalb des Schildes und belegte es mit dem Geschlechtswappen (17. und 18. Jahrhundert)

u. s. w.

Fürstliche Orden wurden schon sehr früh (siehe z. B. Conr. von Grunenberg's Wappenbuch von 1483) an Ketten und Bändern um den Schild gehängt, aber auch unter dem Schilde angebracht. Beides ist noch in der Neuzeit gebräuchlich.

Feldmarschallsstäbe
Bischofs- und Pilgerstäbe
Schlüssel (bei Päpsten)
Kreuze (bei Geistlichen)
Anker (bei Admiralen etc.)
Schwerter (bei Bischöfen als Zeichen des Blutbannes)
u. s. w.
} werden stehend, gekreuzt oder liegend hinter dem Schilde angebracht.[4])

---

[1]) Bei dem auf Tafel XXIV. abgebildeten Wappen steht der Helm und der Bischofshut des Abts von St. Blasien im Schwarzwald auf dem Schilde. Dies ist eine nicht so unrichtige heraldische Darstellung, wenn auch der Hut, der sonst stets an erster Stelle steht, hier nur die zweite Stelle einnimmt. Es erklärt sich nämlich daraus, dass der Helm ein Bestandtheil des Abteiwappens und nicht des Familienwappens des Abts ist.

[2]) Im 1. und 4. Felde das Ordenskreuz, im 2. und 3. das Geschlechtswappen.

[3]) So auf einem Glasgemälde vom Jahre 1584 mit dem Wappen des Deutschordens-Comthurs Hartmann von Hallwill zu Bruggen. (Abgebildet in »Heraldische Kunstblätter« von F. Warnecke, Tafel 22 Nr. 89.)

[4]) Die ehemaligen Kurfürsten des deutschen Reichs führten ihre Würdezeichen, als: Scepter, gekreuzte Schwerter, Krone, Reichsapfel und Reichssturmfahne als Amtswappen im Schilde an bevorzugter Stelle.

Die heraldischen Prachtstücke.

Die Schildhalter.

Als Schildhalter bezeichnet man Menschen- und Thiergestalten, welche hinter, neben oder unter dem Schilde sich befinden, um das Wappen zu halten, zu tragen oder zu stützen; jedoch sind zu den Füssen des Schildes liegende Menschen oder Thiere nicht als eigentliche Schildhalter, sondern allenfalls als Schildwächter anzusehen und am besten ganz fortzulassen.

Als Träger der Schildhalter finden u. A. Anwendung:
goldene Krampen,
stylisirte oder natürliche Baumzweige,
Fussböden,
Rasen,
das flatternde Devisenband und
die Console, welche jedoch nicht hinter einem Wappenmantel angebracht werden darf.

Die Wahl der Schildhalter war bei allen Ständen, für das männliche und das weibliche Geschlecht, von jeher eine ganz willkürliche; die Schildhalter waren mithin nicht erblich. Daher sind denn von ein und derselben Familie oder einzelnen ihrer Mitglieder, je nach Laune und Geschmack, oft mit Bezug auf das Wappenbild, die Schildhalter gewählt worden. Auch Städte bedienen sich mitunter der Schildhalter.

Manche fürstlichen und sonstigen Häuser haben, soweit nachweisbar, nie Schildhalter geführt.

Das Vorkommen der Schildhalter lässt sich fast bis auf die Zeit der Entstehung der Wappen,[1]) vielleicht auf die wirklichen Schild- und Helmträger bei den Turnieren zurückführen und ist:
bald die Frau die Schildhalterin des männlichen Wappens, bald der Mann sein eigener Wappenhalter,
bald hält ein Schildhalter ein Wappen, zwei halten eins oder einer hält beide.

In der ersten Hälfte des 14. Jahrhunderts waren natürliche menschliche Schildhalter — ohne heraldisches Gepräge — noch vorherrschend:
Knaben, junge Männer und Weiber,
in der zweiten Hälfte desselben schon Wappenthiere:
Greife, Löwen, Bären, phantastische und demnächst sinnbildliche Figuren.[2])

Im 15. und 16. Jahrhundert treten Landsknechte, Jäger, behaarte wilde Männer und Weiber, mit Laubkränzen auf dem Kopfe und um die Hüften, mächtige Keulen schwingend, sowie Heilige, Engel (stehend, knieend, fliegend), schöne Frauen- und Mädchengestalten auf.

Erst in neuerer Zeit (etwa seit der Mitte des 17. Jahrhunderts) werden — gegen den alten Gebrauch — mitunter bestimmte Schildhalter amtlich verliehen.[3])

Als sphragistische Beigaben sind die Figuren zu betrachten, welche man auf alten Siegeln zur Ausfüllung des Raumes zwischen Wappen und Umschrift (Legende) anbrachte.

Es ist gestattet, Menschen- und Thiergestalten, welche als Schildhalter dienen,[4]) den Helm aufzusetzen, doch eignet sich manches Thier hierzu nicht. Man findet:

---

[1]) Auf einem gemeinschaftlichen Siegel stehen die Gebrüder Conrad und Berthold, Grafen von Freyburg barhaupt hinter dem Schilde, den sie halten, 1239. Aehnliche Siegel schon 1190, 1221. Portrait-Schildhalter (Mann und Frau) schon 1262 auf einem Siegel des Grafen Wolfrad d. J. von Veringen; ferner wirkliche Schildhalter auf Siegeln Heinrichs von Hochstetten 1276 und Heinrichs von Scharfeneck 1292.

Selbstschildhalter kommen noch anfangs des 16. Jahrhunderts vor.

Bei bürgerlichen Familien Schildhalter schon 1456 und wol noch früher.

[2]) Adler sind, da sie ihre heraldische Form verlieren, als Schildhalter wenig empfehlenswerth. Noch weniger Doppeladler (wie auf dem Siegel des Kaisers Sigismund). Es sind möglichst nur mit dem Wesen und Charakter des Wappens in Uebereinstimmung stehende Schildhalter zu wählen.

Jedes natürliche oder phantastische Thier darf als Schildhalter benutzt werden, doch soll die Gestaltung desselben echt heraldisch sein.

[3]) Bei von Hefner, Handbuch der Heraldik, S. 148, hiervon ein ergötzliches Beispiel.

[4]) Auch Doppelschildhalter kommen vor. So u. A. auf einem Siegel des Herzogs Ludw. Rudolf v. Braunschweig (1731—1735) 2 Löwen, welche Helme tragen, und dahinterstehend 2 wilde Männer.

Löwen, welche den Schild vor der Brust hängend tragen, den Kopf im Helm steckend und in den Pranken ein Banner haltend; zwei Löwen, welche mit der einen Pranke den Schild halten, mit der anderen den Helm; Löwe und Greif (Pommern); Löwe und Bracke;
zwei Stiere (Mecklenburg);
ein Schwan, den Wappenschild, am Bande umgehängt, tragend;
ein Drache;
ein Basilisk (Basel); u. s. w.

Die Wappenmäntel und Wappenzelte.

Wappenmäntel und Wappenzelte sind hinter einem Wappen angebrachte mantelartige Behänge zum Schmucke des Wappens.[1])

Die Wappenmäntel unterscheiden sich von den Zelten nur dadurch, dass erstere Rangkronen, Hüte oder Mützen tragen, während bei letzteren das ganze Wappen unter der Decke steht.

Wappenmäntel und Wappenzelte sind in der Regel aussen purpurn, auch roth oder blau, und innen mit Hermelin gefüttert, golden eingefasst und an der Aussenseite oft mit dem Hauptwappenbilde besät.

Goldene Schnüre mit goldenen Quasten dienen zur Verzierung.

Die Devisen, Wahl- oder Sinnsprüche (Motto, Symbol) und Feldrufe.

Die Devise hat man mit einem Sinnbilde verbunden sich zu denken, das sie gewissermassen deuten muss.[2]) Sie soll eben so kurz und bündig sein wie der Wahlspruch[2]) (ein von einer bestimmten Person gewählter, ihr Denken und Handeln ausdrückender Spruch), der zu einer That, Begebenheit, zu Vaterland, Religion u. s. w. in Beziehung steht.

Devise und Wahlspruch, welche sinngemäss nicht erblich sind, werden in der Regel auf Bändern unter dem Wappenschilde, oder auch auf Bändern, die man um den Schild legt, angebracht.

Wider den alten Gebrauch werden Devisen und Wahlsprüche — deren Vorkommen bis in den Anfang des 15. Jahrhunderts[3]) zu verfolgen ist — in der Neuzeit urkundlich verliehen.

Mit Devise und Wahlspruch nicht zu verwechseln ist der Feldruf (der cri de guerre).[4]) Derselbe findet über dem Wappen auf einem Bande, welches hinter dem Helmzeichen oder neben der Rangkrone zu beiden Seiten derselben flattert, seine Stelle und ist als e r b l i c h e r Bestandtheil des Wappens anzusehen; er ist französischen Ursprungs und in Deutschland wenig gebräuchlich.

Die Fahnen, Banner und Standarten.

Die ältesten, an langen Lanzen befestigten Fähnlein, wie solche sich auf den Reitersiegeln[4]) des 12. und 13. Jahrhunderts finden, waren lang und schmal und sind, bald von der Mitte ab, bald nur am Ende zinnenartig ausgeschnitten. Sie waren eingefasst und an den Enden befranst und wurden nicht von Anfang an gleich mit Wappen bemalt oder bestickt.

Die Fahnenstange erhielt später einen Wulst zum Einlegen des Armes und war in der Regel einfarbig, öfter aber auch gebändert und gestückt.[5])

Gegen den Schluss des 13. Jahrhunderts befestigte man das als längliches Viereck gestaltete Fahnentuch mit der langen Seite am Lanzenschaft. Im 14. Jahrhundert brachte man am Obertheil dieser Banner einen langen, schmalen Streifen, den Schwenkel, an.

---

[1]) Sie wurden angeblich von Phil. Moreau erfunden und in Frankreich zuerst im Jahre 1680 angewandt. Uebrigens unterscheiden sich die in Deutschland schon im 16. Jahrhundert allgemein gebräuchlichen Wappenmäntel von diesen »erfundenen« sehr wenig.

[2]) Führt z. B. Jemand einen Stern im Wappen, so ist »Leuchte mein Stern« Devise; ein W a h l s p r u c h ist: »Erst wägen, dann wagen«. Feldruf ist das ostfriesische: »Eal̃a frea Fresenã« (wohlan, freier Friese!), auch streng genommen der preussische Wahlspruch: »Gott mit uns«. Vergl. auch das grosse Sammelwerk von J. Dielitz, »Wahl- und Denksprüche etc.«, 1884.

[3]) Schon 1408 findet sich im »Sti Christophori-am-Arlberg-Bruderschafts-Buch« zu Wien ein Wappen des Hanns phing oder phling mit dem Wahlspruch: »Ich hoffe«.

[4]) Auf Reitersiegeln der höheren Reichsfürsten führen diese bald Fahnen, bald Schwerter. Letztere wurden ausschliesslich bei Dynasten dargestellt.

Auf Anderen als Reitersiegeln kamen Fahnen in der Regel nur bei höheren Reichsfürsten, den Herzögen und Markgrafen, in Anwendung. Die Grafen haben meistens das gezückte Schwert in der Rechten.

[5]) Die Reichssturmfahne hatte eine rothe Stange.

Ueber das Grössenverhältniss der Fahnen bestimmte die Reichskriegs-Verfassung nach dem fränkischen Kriegsabschiede vom Mai 1672, dass »die Fahnen drei Ellen an der Stange und 4 Ellen im Flug haben müssen«.

Die Banner des Fussvolks waren im 15. und 16. Jahrhundert genau quadratisch und wurden an kurzen Stäben frei in der Hand getragen. Diesen ähnlich sind die an Lanzen befestigten Standarten.

Die Fahne unterscheidet sich von der Flagge[1]) dadurch, dass letztere mittels einer Schnur an der Stange hinaufgezogen, erstere aber an derselben befestigt wird durch Aufnageln etc.

Bei Wappen kommen ausschliesslich nur **Fahnen** und **Banner** (Standarten) in Anwendung. Wo diese nicht als Schild oder Helmfiguren erscheinen, wird die Fahne als von Schildhaltern getragen dargestellt, oder hinter dem Schilde in der Weise angebracht, dass das Wappen nicht völlig erdrückt wird.

Die Fahne und das Banner ersetzen den Schild, d. h. sie tragen das mitunter mit einer Einfassung versehene Wappenbild ohne Anwendung der Schildform, wobei das Fahnentuch die Farbe des Schildes bildet.

Die Wappenfiguren müssen stets gegen die Stange gekehrt werden,[2]) und es beginnt also auch die Zählung der Plätze von der Stange aus.

Bei der Stellung der Farbenstreifen ist genau auf das zugehörige Wappen zu achten. So haben z. B. die Hohenzollernsche wie die Preussische Flagge zwei Farben: Schwarz und Weiss. Es muss also, dem von Weiss und Schwarz gevierteten Schilde der Hohenzollern entsprechend, Weiss oben, Schwarz unten stehen, während bei der Preussischen Fahne Schwarz (die Farbe des Adlers — der Schildfigur —, welche der Farbe des Schildes vorgeht) oben, Weiss (die Schildfarbe) unten steht.

G. Die Stammbäume und Ahnentafeln.

Der **Stammbaum** (so genannt, weil es üblich ist, durch Anbringung von Namen auf Schilden, welche an einem Baume und dessen Zweigen hängen, den Ursprung eines Geschlechts nachzuweisen) unterscheidet sich von einer **Ahnentafel** (welche den Nachweis über eine bestimmte Zahl von Vorfahren — Ahnen — väterlicher- und mütterlicherseits liefern soll) dadurch, dass bei ersterem das **älteste** Geschlechts-Mitglied — der Ahnherr — unten, das jüngste in der obersten Reihe steht, bei letzterer aber das **jüngste** Geschlechts Mitglied — in der Person des Probanten — unten und die Ahnen desselben oben stehen.

---

[1]) Die Landesfarben weichen vielfach von den in den Wappen gegebenen Farben ab.

Flaggen sollen nur von Sonnenauf- bis Sonnenuntergang wehen und eingezogen werden, sobald der zur Führung Berechtigte abwesend ist.

Die Flagge muss in der Regel an die Spitze der Flaggen- oder Fahnenstange vorgeholt sein und darf nicht tiefer hängen, da eine nicht vorgeholte oder halbstocks gehisste Flagge »Trauer« bedeutet. Eine Flagge, welche die Landesfarben (die deutschen bestehen aus 3 wagerechten Streifen in der Reihenfolge von oben nach unten: schwarz, weiss, roth, die preussische Flagge hat in der Mitte auf weissem Felde den preussischen Adler, oben und unten einen schwarzen Rand) in umgekehrter Reihenfolge, oder deren Kopf nicht nach oben, sondern nach unten zeigt, bedeutet, dass auf dem Schiff, dem Fort etc. Meuterei ausgebrochen oder grosse Gefahr im Verzuge sei.

Die Farben des Flaggenstocks sind den Landesfarben entsprechend.

[2]) Eine Ausnahme hiervon macht — nach dem zu Leipzig im Jahre 1494 gedruckten Tractatus de insigniis et armis des Dr. Bart. de Saxoferrato (Rath Kaiser Karl's IV.) — ein Wappenbild, wenn solches nur den oberen Theil einer Figur, den Kopf eines Thieres darstellt; das Gesicht soll dann nicht der Fahne, sondern dem Beschauer zugekehrt werden, also im Visir stehen.

Anhang.

I. Das Schriftwesen.

uf allen Siegeln, fast ohne Ausnahme¹) finden sich bis in's 17. Jahrhundert die vollständigen Umschriften, später nur die Anfangsbuchstaben des Namens und Titels u. s. w., welche sodann im 18. Jahrhundert — sehr zum Nachtheil für die Heraldik ²) — verschwinden.

Die ältesten Siegel zeigen grosse römische Buchstaben, die des 13. und 14 Jahrhunderts gothische Majuskeln, im 15. und 16. Jahrhundert Minuskel-, die der Renaissance römische Schrift.³)

Die Umschriften befanden sich in der frühgothischen Zeit am Rande des Siegels und begannen meistens links oben. Anfang und Ende waren durch ein Kreuz geschieden. In der spätgothischen Zeit und noch bis in's 18 Jahrhundert kommen verschlungene Bänder mit Inschriften vor.

Die Umschriften müssen sich dem Style anpassen, welcher gewählt wird, d. h. es sollen alle Siegel der gothischen Zeit eine Umschrift in entsprechender Schrift tragen und Siegel neueren Styles nicht alte Buchstaben zeigen.⁴)

¹) Es sind aus dem 13. Jahrhundert nur zwei Siegel ohne Umschrift bekannt.
Ein Siegel mit Jahreszahl kommt schon 1007, mit arabischen Ziffern, vor; desgl. 1233 (Hohenlohe), desgl. 1300 mit römischen Zahlen.
²) Durch die vollständigen Umschriften oder durch die Anfangsbuchstaben des Namens und Titels waren die Wappen meistens leicht zu bestimmen. Dies wird durch Weglassen der Umschriften sehr erschwert, was um so mehr zu bedauern ist, als die Namenlosigkeit ohnehin nicht immer gewahrt bleibt, wenn man einmal mit seinem Wappen siegelt.
³) Minuskel, mit grossen Anfangsbuchstaben, meistens bei Eigennamen und in der Mitte der Inschrift, kommen schon zu Anfang des 15. Jahrhunderts vor.
Die erste in lateinischer Majuskel hergestellte Inschrift erscheint zuerst wieder anfangs des 16. Jahrhunderts.
Im Mittelalter bediente man sich beim Schreiben mancher Abkürzungen, von denen ich hier einige anführe:

Aõ. dñi = Anno domini.
A. o. r = Anno orbis redempti.
XP = Chr. (Christus, griechisch ΧΡΙΣΤΟΣ).
C9 = Cujus. Die Bezeichnung der Endsilbe us durch 9 ist den Tironischen Noten, der altrömischen Stenographie, entlehnt.
Eccīe = Ecclesie.
Eps = Episcopus.
Ma'tij = Martii. Vertretung des r durch einen Punct.
Ma'ty = Martii. Desgl. durch einen spiritus lenis; für ii eine Ligatur, die wie ein ÿ aussieht.
Pp̄osit = Praepositus.
P͞r = Pater. Ein Punct statt der weggelassenen Buchstaben ate.
S. = Sigillum.
Usq₁ = Usque.
Venabilis = Venerabilis, Andeutung der ausgelassenen Silbe er durch zwei übergesetzte Puncte.
Das Weglassen der Buchstaben m und n wird durch einen Strich angedeutet: sigillū statt sigillum, mūdi statt mundi, praepositū statt praepositum u. s. w.
Der Consonant j wird durch i wiedergegeben. Für u und v ist meistens nur das eine Zeichen v vorhanden. Bald ist u nur vocalisch, v nur consonantisch, bald u als Vocal und Consonant gebraucht.
Es werden manche Buchstaben, oft sogar 3 derselben, zu einer Ligatur verschmolzen.

II. Anleitung zum Abformen und Abdrücken von Siegeln bezw. Siegelstempeln.

Abformen in Gyps.

Die Anwendung des Gypses zum Abformen hat den Vorzug vor anderem Material, dass er sich giessen und dass sich darin jeder Gegenstand vervielfältigen lässt. Es wird zwar eine geringe, jedoch unbedenkliche Verminderung des Umfanges der Masse, nach erfolgtem Trockenwerden derselben, herbeigeführt.

Man reinigt zunächst die Siegel, welche jedoch keinen zu weit überstehenden Rand haben dürfen[1]) und gut erhalten, d. h. nicht bröcklich oder stark beschädigt sein müssen, gründlichst von der etwa darauf befindlichen Staubkruste. Dies kann nicht allein ohne alle Gefährdung des Siegels, sondern zur besseren Erhaltung desselben mit Seifenwasser (das man jedoch nur eine kurze Zeit lang auf dem Siegel stehen lässt) und einer nicht zu scharfen Bürste geschehen.

Hängen die Siegel an einer Urkunde, so legt man dieselben mit der Oberfläche wagrecht, indem man die Pergamentstreifen etc. mit einem Gewichtsstück beschwert oder mit Klebwachs an der Tischplatte befestigt. Dann fettet man die durch Wasser reingespülten und durch Auflegen von Leinwandläppchen oder dergl. getrockneten Siegel ganz dünn mit Oel[2]), wodurch das Anhaften des Gypses an dem Wachs vermieden wird. Will man verhüten, dass der Gyps überfliesst, und wünscht man, dass die Form eine gleichmässige Höhe erhält, so umgiebt man den Rand des Siegels mit einem an den Enden durch Siegellack oder Klebwachs befestigten Papierstreifen. Dies ist aber weniger beim Abformen der Originale selbst, als beim Abgiessen der davon gewonnenen Formen, jedoch immerhin auch hier aus Sparsamkeitsgründen empfehlenswerth.

Sodann nimmt man ein mit einem Ausguss versehenes Gefäss, füllt dieses etwa zur Hälfte mit kaltem Wasser und schüttet in letzteres so viel feinen Gyps[3]), dass die schnell umzurührende Masse so dickflüssig ist wie ein guter Rahm. Darauf trägt man mit einem feinen, weichen Borstenpinsel oder auch mit einem Theelöffel den Gypsbrei ganz dünn auf, so dass noch die Umrisse des Siegels durchscheinen. Um Luftblasen möglichst zu vermeiden, ist es räthlich, die Gypsmasse langsam von einer Seite her über das Siegel sich ausbreiten zu lassen, oder diese erste Lage mit einem weichen Pinsel umzurühren. Dann trägt man eine zweite und dritte Schicht auf, bis die Form dick genug ist, um sich später abheben zu lassen. Genug ist es, wenn man gleich mehrere Siegel (etwa 6—8 Stück) auf einmal abformt, welche dann nach und nach mit den betreffenden Schichten (bei der dritten kann man schon gewöhnlichen Gyps nehmen) begossen werden können. Bei dem Abgiessen selbst muss man sich etwas beeilen und allenfalls die Gypsmasse stets umrühren, da dieselbe schnell erhärtet und sich dann nicht mehr benutzen lässt.

Will man die Gypsmasse sehr hart haben, so muss man bei der zweiten und dritten Lage den Gyps mit einer Auflösung von Kochsalz anrühren.

Durch Zusatz von ein wenig Ocker kann man dem Gyps eine gelbliche Färbung geben. Eine braune Färbung der Abgüsse, welche zur Deutlichkeit und zum schönen Aussehen derselben sehr viel beiträgt, erhält man, wenn man zu geschmolzenem Stearin etwas feinsten Asphalt-Lack giesst, die Abgüsse einige Male in die siedende Masse — von welcher dieselben sehr schnell durchdrungen werden — taucht und den überflüssigen Lack, durch senkrechtes Aufstellen der Siegel, ablaufen lässt. Um den letzteren Glanz zu geben, bürstet man sie, jedoch sehr vorsichtig, nach dem Erkalten, damit ihre Schärfe nicht leidet.

Nach einiger Uebung lernt man bald beurtheilen, wie viel Gypsmasse zu einer bestimmten Anzahl von Siegeln erforderlich ist. Sind nun die Siegel bedeckt, so lasse man sie ruhig liegen und verfahre, wie oben beschrieben, mit einer weiteren Anzahl. Sobald letztere besorgt sind, haben die ersteren — etwa nach einer Viertelstunde — so harte Formen, dass man diese, mit Beobachtung von Vorsicht, abheben kann. Es ist rathsam, nicht zu voreilig damit zu sein, sondern abzuwarten, bis der Gyps fest und trocken ist. Bei Siegeln mittlerer Grösse gelingt das Abheben leicht, bei grösseren mit sehr tiefer Gravirung dahingegen ist oft mehr Zeit erforderlich. Ein wenig Wasser auf die Gypsform gebracht, oder eine feste Gypslage auf deren Rückseite aufgetragen, wird die Trennung sicher erleichtern, zu welchem Zwecke auch bei Wachsschalen ein leichtes Andrücken und Heben mit dem Messerrücken dienlich ist.

Sind Spuren von Gyps auf dem Siegel zurückgeblieben, so müssen diese mit Bürste und Wasser sorgsam entfernt werden.

Ist die gewünschte Anzahl Formen (welche nun das erhabene Siegel vertieft zeigen) fertig, so lasse man sie an der Luft oder in der Sonne trocknen. Dieselben werden dadurch zum Abgiessen vorbereitet:

1. dass man die Form mehrere Male mit Seife überzieht, oder
2. dies erst nach einer Sättigung mit Schellacklösung bewerkstelligt.

Auch kann man die Form zuerst schellackiren — wodurch das Abheben des Abgusses erleichtert wird — und dieselbe nach vollständigem Trocknen in Wachs sieden, um sie hart und dauerhaft zu machen.

Die so vorbereitete Form wird nun mit einer Mischung aus 1 Theil Seife und 2 Theilen Oel mittelst eines Pinsels dünn derartig überzogen, dass alle, auch die tiefen Theile gefettet sind, ohne dass man dabei die Schärfe des Reliefs im Mindesten beeinträchtigt.

---

[1]) Ist dies der Fall, so schneidet man entweder das zu weit Vorstehende ab, oder füllt die Höhlung mit Klebwachs aus, wodurch das Abheben der Gypsform möglich gemacht wird, ohne diese und das Modell zu beschädigen.

[2]) Vermittelst eines mittelgrossen Pinsels, dessen Haare gleich lang sind. Zu wenig Oel (Leinöl oder Rüböl, nur nicht Petroleum) ist nicht gut, zu viel ebenfalls nicht, da dadurch die Formen nicht scharf werden.

[3]) Feinster Alabaster-Gyps.

Das Sieden in Wachs, dem man auch eine gleiche Menge Stearin beifügen kann, geschieht in einem irdenen Gefäss über gelindem Feuer. Die Formen nimmt man je nach der Grösse und Stärke des Abgusses, nach Verlauf von 2—4 Minuten mit dem Löffel heraus, lässt sie erkalten und reibt sie dann mit einer weichen Bürste, wodurch sie einen leichten Glanz erhalten.

Wie lange die Formen in dem heissen Wachs liegen müssen, lehrt die Erfahrung. Zu kurze Zeit ist nicht gut, weil dann bei der Vervielfältigung der Abguss nicht von der Form lässt; zu lange eben so wenig, weil die Vertiefungen sich leicht verkleben. Jedenfalls müssen sie so lange liegen, dass das Oel in die erkalteten Formen nicht einzieht.

Abformen in Guttapercha.

Die Guttapercha eignet sich nicht nur zum Abformen von Siegeln und sonstigen Gegenständen, sondern auch zur Herstellung galvanoplastischer Matrizen.

Das Verfahren ist folgendes:

Man erweicht beste braune Guttapercha in recht heissem, nicht kochendem Wasser, und nimmt davon ein Stück in der erforderlichen Grösse mit der vorher in kaltes Wasser getauchten Hand, knetet dieses Stück und giebt ihm durch Rollen eine möglichst glatte Oberfläche, wobei sich die leicht beweglichen Luftblasen durch fortgesetztes Kneten beseitigen lassen. Dann legt man die Masse auf eine Glas- oder Metallplatte, nachdem man die Guttapercha zwischen den Fingern eine der Grösse des abzuformenden Gegenstandes entsprechende Fläche gegeben hat, und bestreut nun letztere mittelst eines Pinsels mit fein pulverisirtem, gutem sibirischen Graphit, dessen gleichmässige Vertheilung am besten mit einem über den Zeigefinger der rechten Hand gezogenen Handschuh bewirkt wird. Ist die Fläche trocken gerieben und geglättet — wodurch man das Klebenbleiben verhütet — so wird das Modell entweder auf oder unter die Guttapercha gelegt, und man übt nun einen langsamen, gleichmässigen Druck aus, am besten durch nach und nach aufzulegende Gewichte oder durch eine Presse.

Neue, ungebrauchte Guttapercha wird schwerer weich, und erhärtet schneller als bereits gebrauchte. Lacksiegel, welche erst etwas graphitirt werden müssen (indem man die Oberfläche derselben mit dem in Graphit getauchten Pinsel bearbeitet), werden vor dem Zerbrechen besser geschützt, wenn man sie unter die Guttapercha legt. Ist das Siegel tief gravirt, so pflegt das Abformen schwerer von Statten zu gehen, daher ein gleichmässiger Druck auf die Masse besonders geboten erscheint.

Die Erkaltung der Guttapercha erfolgt, je nach der Luftwärme, durchschnittlich nach einer Viertelstunde. Man versucht dann zunächst den Rand des Originals abzulösen, bevor man dasselbe ganz abhebt. Sodann schneidet man die am Rande überstehende Guttapercha von der Form mit einem scharfen Messer (im Wasser getaucht, weniger Widerstand findet) ab und giebt dem Abdruck durch Bepinseln mit Graphit ein besseres Ansehen. So angefertigte Abdrücke sind haltbar, leicht und biegsam, brechen aber mit der Zeit — in Folge Verlustes der Fettheile —, wenn sie nicht durch Aufkleben vor dem Biegen geschützt werden.

Bei Benutzung der Guttapercha-Formen zu Gypsabgüssen müssen diese erst mittelst Seifenwassers von dem Graphit befreit und dann etwas eingeölt werden. In Guttapercha lassen sich auch farbige Abdrücke von Stempeln, die man zuvor mit Zinnober einstäubt, herstellen.

Da man von Guttapercha-Formen in einer gleichen Masse Abdrücke fertigen kann, wenn man die Form gut graphitirt, so bietet das Verfahren noch den Vortheil, dass man zum Anfertigen eines Stempels nur einen Kupfer-Niederschlag zu machen braucht.

Die in reinem Petroleum lösliche Guttapercha lässt sich stets von Neuem benutzen, wenn sie nicht gar zu lange schon in Gebrauch befindlich ist, für welchen Fall indess man der brüchig und klebrig gewordenen Masse etwas Leinöl zusetzen kann, um damit noch mit einigem Erfolg arbeiten zu können. Die Fettigkeit der Masse bleibt sehr lange erhalten, wenn man die verschiedenen Stücke nach dem Gebrauch zu einem solchen (in Kugelform) vereinigt und in Wasser aufbewahrt.

Abformen in Stanniol (Zinnfolie).

Man legt ein entsprechend grosses Stück feinen Stanniols (wovon 24 Bogen auf ½ Kilo gehen) auf das abzuformende Siegel, biegt die Ecken auf der Rückseite desselben um und drückt den Stanniol mittelst einer etwas starken Bürste an. Die so gewonnenen Abdrücke werden auf der Rückseite mit Stearin oder Wachs ausgegossen, sie sind haltbar zu machen. Besser ist aber, zur Gewinnung von Formen, welche sich 8—10mal abbürsten lassen, ein Gemisch aus 1 Theil Baumwachs und 1½ Theilen Thonerde (s. g. Tripel, welcher zum Schleifen der Metalle Verwendung findet). Das Wachs wird geschmolzen und der vorher im Mörser zerstossene und fein gesiebte Tripel dem Wachse allmälig zugesetzt, sodann das Ganze gehörig umgerührt und auf einen angefeuchteten Gegenstand ausgegossen. Durch fleissiges Kneten mit den Händen wird diese nach dem Erkalten harte Masse weich. Man nimmt davon ein nicht zu dickes Stück, welches sich leicht andrücken lässt, und kann eine zweite Lage auf die erste bringen, um die nun durch das Eindrücken und Abheben vom Modell gewonnene dauerhafte Form demnächst besser vom dem Gypsabguss loslösen zu können. Die Anfertigung des letzteren geschieht nach dem früher beschriebenen Verfahren.

Der Stanniol kann leicht vom Wachse getrennt und dann wieder benutzt werden.

Abformen in Brotteig.

Um schnell ein Siegel abzuformen, nimmt man ganz frisches, aber bereits erkaltetes Schwarzbrot, das man tüchtig knetet, dann aufdrückt und von dem Siegel vorsichtig wieder abhebt. Nach etwa 12 Stunden, wo das Brot noch nicht vollständig trocken geworden, lässt sich dann davon in Lack ein Abdruck machen, der freilich weder scharf noch schön, aber oft recht nützlich ist. Alte Brotstempel geben, da sie zusammenschrumpfen, keine richtige Copie des Originals.

Abformen in Schwefel und Infusorienerde.

Man setzt dünnflüssigem, geschmolzenem Schwefel eine ungefähr gleiche Menge s. g. Infusorienerde, mit feinem Graphit untermischt, zu, trägt diese, über einer Gas- oder Spiritusflamme in Fluss gebrachte Masse mit einem Löffel behende auf die Münze oder den Siegelstempel und erhält so einen Abdruck von ausserordentlich grosser Schärfe. Der Graphitgehalt dieser Masse verhindert, dass die abzuformenden metallenen Gegenstände unscheinbar oder blind werden, wie dies bei Benutzung von Gyps etc. zu geschehen pflegt.

Abformen in Gelatine.

Durch Auflösen von 1½ % chinesischer Gelatine (auch Agar-Agar genannt) in heissem Wasser erhält man eine Gallerte, welche die schärfsten Formen liefert. Man kann darin schnell hintereinander und wiederholt Gypsabgüsse machen, ohne dass eine Veränderung der Form eintritt. Da diese Gallerte sich in kaltem Wasser nicht löst, so können die daraus hergestellten Formen gewaschen und dann mit einem zarten Pinsel getrocknet werden. Es ist räthlich, die wie Kautschuk biegsame Form vor dem Abnehmen vom Modell auf der Rückseite — nachdem darin einige Vertiefungen gemacht sind — mit Gyps zu übergiessen, um sie in der natürlichen Lage zu erhalten.

Wachs-Siegel.

Abdrücke in Siegelwachs — aus zwei Theilen Wachs und einem Theil Klebwachs bestehend, dem man eine entsprechende Menge Farbstoff beimischt — werden mittelst eines Oel gefetteten und mit Zinnober etc. eingestäubten Stempels, welcher in dem etwas erkalteten Wachs abgedruckt wird, hergestellt. Auch legt man um den Rand des nach oben gekehrten Stempels einen starken Papier- oder Metallstreifen und giesst dann das Wachs hinein, das sich leicht von dem Stempel wieder ablöst, wenn man denselben eine Zeit lang in kaltes Wasser hält.

Lack-Siegel.

Zur Anfertigung von s. g. Probe-Abdrücken muss man sich eines harten Siegellacks bedienen, der z. B. aus 20 Theilen Zinnober, 10 Theilen venetianischem Terpentin und 50 Theilen Schellack gewonnen wird.

Zum Abdrücken dienen zwei Blätter Papiers (Pappe leistet nicht gleich gute Dienste, da dieselbe das Ablösen des Stempels vom Siegellack und das Beschneiden des Siegels sehr erschwert), welche mit gewöhnlichem Lack auf einander befestigt werden. Man verhütet dadurch, dass sich der Abdruck wirft und macht denselben haltbarer. Bei grösseren Stempeln empfiehlt es sich, den Umfang desselben durch Aufstellen auf das zu benutzende Papier, mit Hülfe des Bleistifts, anzudeuten. Sodann wird der Stempel über dem Lichte so stark erwärmt, dass man eine Berührung der Lippe mit demselben eben noch erträgt.

Hat man viele und grosse Stempel abzudrücken, so ist das Schmelzen des Lacks in einem kleinen Tiegel bei Weitem vorzuziehen. Derselbe ist für wenig Geld zu beschaffen und kann aus einem Mantel von starkem Blech gemacht werden, welcher mit einer kleinen Thür versehen ist, um eine Spirituslampe aufzunehmen, deren Flamme sich durch Auf- und Niederschrauben des Dochtes stellen lässt. Auf diesen, zur Ableitung alles grosser Hitze oben rundum durchlöcherten Mantel stellt man den mit Handhabe und Ausguss versehenen Tiegel, in welchem der Siegellack geschmolzen wird. Ist derselbe auf dem Punkte angekommen, wo sich Blasen auf der Oberfläche zeigen, in welchem Falle man die Flamme etwas einschrauben kann, so nimmt man den Tiegel in die linke Hand, rührt den Brei mit einem Spatel um und giesst nun die erforderliche Masse — deren Menge man sehr leicht durch Uebung bestimmen lernt — auf das Papier. Dann drückt man den erwärmten Stempel schnell in den Lack (den man mit einer Stange Siegellack auf der Fläche entsprechend vertheilt hat) und presst nun tüchtig. Einzelne am Rande etwa nicht gelungene Stellen lassen sich leicht dadurch ausbessern, dass man über dem Lichte den Lack nochmals an den fehlerhaften Punkten erwärmt und dann auf's Neue den schon vorhin aufgelegten oder umabgenommen gebliebenen Stempel wieder eindrückt. Dies lässt sich Alles bei einiger Fertigkeit bewerkstelligen, bevor der Lack vollständig erkaltet ist, und kann man nun mit der Scheere die überflüssigen Lacktheile abschneiden und dem Siegel einen gleichmässig breiten Rand geben. Soll letzterer ganz glatt erscheinen, so bringt man allmälig den Rand des Siegels mit der Flamme des Lichtes in kurze Berührung; am besten, so lange der Stempel noch auf dem Abdruck einigermaassen haftet.

Beim Abdrücken zinnobrirter Kupferstempel ist es nicht leicht zu vermeiden, dass sich Schwefeltheilchen des Zinnobers mit dem Kupfer zu Schwefelkupfer verbinden, welches der Schönheit des Abdrucks wesentlichen Abbruch thut. Der Stempel selbst lässt sich durch Seifenwasser leicht reinigen. Will man davon farbige Abdrücke erzielen, so muss man sich einer Farbe aus einem Pflanzenstoff, z. B. des Krapp-Rosa, bedienen.

Dünne Platten dürfen nur wenig erwärmt werden. Man stäubt den Stempel mit feinem Zinnober ein und streicht auf einem glatten Blatt Papier die Farbe von dem Stempel herunter, wenn nur das Gravirte zinnobrirt erscheinen soll. Will man die ganze Fläche matt lassen, so drückt man den Stempel ab, nachdem man den überflüssigen Zinnober durch leichtes Anschlagen des Stempels an einen harten Gegenstand entfernt.

Will man statt des Zinnobers Graphit, Bronze, Gold oder Silber etc. anwenden, so verfährt man in gleicher Weise. Zinnobrirte Stempel kann man auch über dem Lichte anschwärzen; man erhält dann einen recht gut wirkenden Abdruck.

Sogenannte Rauch-Siegel.

Auf weissem Lack macht ein durch Lichtschwalch hergestelltes Schwarz eine besonders gute Wirkung. Der erwärmte, mit Kremser Weiss ein wenig eingestäubte Stempel wird zu dem Ende ein oder mehrere Male durch die Flamme einer Wachskerze geführt, wonach die Fläche leicht geschwärzt erscheint. Führt man den Stempel von der Seite in die Flamme, so wird nur die nicht gravirte Fläche geschwärzt werden und die Gravirung selbst weiss hervortreten.

Es empfiehlt sich, den Stempel vor dem Pudern oder Schwärzen mit feinem Oel ein wenig zu fetten (mit Hülfe einer weichen Bürste), um der Farbe mehr Halt und gleichmässige Vertheilung zu geben. Die Farbe haftet bei den geschliffenen Flächen der Steingravirungen meistens schlecht.

Der in die Flamme gebrachte Siegellack verliert leicht sein Ansehen, daher schmelze man denselben über dem Lichte und verhindere durch Umdrehen der Stange das Herabträufeln.

Bei der Anfertigung grösserer Abdrücke hält man das Papier über's Licht und rührt so lange, bis die nöthige Fläche genügend mit Lack bedeckt ist. Dann nimmt man den erwärmten Stempel, stellt ihn vorsichtig auf den zu einem etwas dicken Brei gerührten Lack und presst nun das Petschaft tüchtig in die weiche Masse. Gleich danach, jedenfalls vor dem Erkalten des Lacks, versucht man zunächst den Rand des Abdrucks vom Stempel abzulösen; dann erst wird der letztere selbst vorsichtig abgehoben. Man kann den Stempel wieder auf den Abdruck setzen und erkalten lassen, wodurch auch etwa entstandene Bläschen sich beseitigen lassen. Ist an dem Stempel[1]) ganz oder theilweise der Lack haften geblieben, so lässt sich dieser nur allein durch Spiritus, den man auf den erwärmten Stempel giesst und mit einer Bürste verreibt, ohne Nachtheil beseitigen.

Birkenrinde-Siegel,

welche vor Erfindung des Siegellacks (um 1563) häufig von den Graveuren angefertigt wurden[2]) und nicht nur ein sehr schönes Aussehen haben, sondern ausserordentlich haltbar und biegsam sind, scheint man nicht mehr herstellen zu können. Die alten Abdrücke haben einen gleichmässigen dunkelbraunen Ton, sind äusserst scharf und zeigen die in der Birkenrinde regelmässig vorkommenden schwarzen Stellen (s. g. Augen) nicht. Da man früher selbst Kupferstiche auf Birkenrinde druckte, so ist anzunehmen, dass man besonders gute Rinde ohne »Augen«, welche in Russland vorkommen soll, sich zu verschaffen wusste und diese stark presste.

Oblaten-Siegel.

Gute Oblaten-Siegel, deren erstes Vorkommen sich um das Jahr 1603 nachweisen lässt, lassen sich nur von flach gravirten, in einer Presse befestigten Stempelo herstellen; der Abdruck muss, wenn er scharf sein soll, durch einen einzigen kräftigen Schlag gefertigt werden.

Hausenblase-Siegel.

Sehr harte Siegel, welche jedoch der Hitze keinen Widerstand leisten, lassen sich auf folgende Weise herstellen:
Eine gewisse Menge von Hausenblase löst man in Spiritus auf, indem man das Glas in kochendes Wasser stellt. Es bildet sich dann ein durchsichtiger Leim, welchen man mit etwas Zinnober und Schlemmkreide mischt. Diese Masse wird zu einem Teig gerührt. Will man dieselbe zum Siegeln benutzen, so stellt man das Gefäss wieder in kochendes Wasser und drückt nun den Stempel in die weiche Masse, nachdem man die erforderliche Menge in der zuvor mit Puder eingeriebenen Handfläche zu einer Kugel geballt und sodann auf eine Holzplatte gelegt hat. Die Masse erkaltet sehr schnell, wird fast steinhart, und das gefertigte Siegel, dem man noch durch Ueberziehen des Randes mit Firniss einen lackähnlichen Glanz verleihen kann, bekommt ein schönes Ansehen.

Metall-Abschläge.

In Metall gravirte Wappen lassen sich sehr leicht in s. g. Schriftgut abschlagen, welches man über dem Kohlenfeuer in Fluss bringt und auf einer weichen Papierlage ausgiesst. Der erwärmte Stempel wird, nachdem das Schriftgut ein wenig abgekühlt ist, in dasselbe gepresst. Da das Metall durch den heftigen Schlag mit dem Stempel etwas umherspritzt, so ist es rathsam, die Hände gegen das Verbrennen durch Handschuhe zu schützen; weitere Vorsichtsmassregeln sind aber unnöthig.
Die Metallabdrücke werden sehr scharf und eignen sich am besten zu Kupferniederschlägen, da sie nicht leidend gemacht zu werden brauchen.
Stosst das Metall beim Schmelzen im Tiegel Unreinigkeiten aus, so wird die »Haut« mit einem Kartenblatte beseitigt.

Röckl'sche Metall-Abgüsse.

Der Chemiker Albert Röckl in München entdeckte ein Verfahren,[3]) von Siegeln Abgüsse in Metall zu machen, welche hart wie Bronze, zähe wie Wachs und bildsam und eindrucksfähig wie Siegellack sind.
Röckl befreit zunächst die Siegel von dem ihnen anhaftenden Schmutz, indem er dieselben so lange in Gyps abgiesst, bis ein vollkommen reiner Abguss erzielt ist, der jedoch zum Metallgusse nicht benutzt wird. Ist das abzugiessende Stück von Metall, so bürstet man dasselbe mittels eines in reinen Weingeist getauchten Bürstchens von Dachshaaren so lange, bis die feinste Linie vollständig hervortritt.
Gypsbereitung. Man giesst destillirtes Wasser in eine Schale und überstreut es mittels eines Löffels langsam und gleichmässig mit dem durch ein feines Haarsieb gesiebten Gypsmehl so lange, bis sich kein Wasser mehr auf der Oberfläche zeigt. Dann wird mit einem Löffel von Bein oder Holz die Masse durcheinander gemengt, indem man mit dem Löffel in der ovalen Schale, ohne abzusetzen, von rechts nach links fährt, bis der Gyps bindet, ohne jedoch aufzuhören flüssig zu sein.
Grundplatte. Sodann bereitet man eine Platte von ovaler Form, dreimal so gross als das abzugiessende Stück. Die Platte kann aus Gyps, Holz, Glas oder Metall sein, muss aber scharfe Ränder und glatte Flächen haben. Auf diese Grundplatte legt man das Siegel, und zwar auf das obere Drittel ihres Raumes, so dass zwei Drittel für die Gussrinne frei bleiben. Dann umgiebt man dasselbe ringsum mit Glaserkitt, der überall etwas über den Rand des Siegels hervorsteht. Ein Wachssiegel alter Art muss gleichsam in ein Bett von Kitt gesetzt werden, bis es ganz gerade und fest steht. Bei Münzen und Medaillen lässt man besser die untere Hälfte ohne Kittwand, damit sie

---

[1]) Stempel von Stahl schützt man gegen Rost, indem man eine Auflösung von weissem Wachs in Terpentin mittels eines trockenen Leinwandläppchens dünn auf den Stahl reibt.

[2]) 1510 schrieb Anthoni Tucher d. Aeltere in Nürnberg an den Kurfürsten Frdr. III. von Sachsen: »Schick hierinne verwart E. H. G. ein Abdruck davon (von einem Stempel) auf einer Birkenrinde das ist meines Ansehens wol und dem zugeschickten Muster gantz gemäss gemacht«.

[3]) Sehr ausführlich beschrieben von Dr. v. Löher in der Archivalischen Zeitschrift, Jahrg. 1878 S. 246 u. ff. Daraus hier ein kürzerer Auszug.

leichter loslässt, wenn man die andere Seite abformen will. Rings um den Rand der Platte wickelt man einen geölten und gefirnissten, also festen Papierstreifen von der doppelten Breite des Randes und steckt ihn mit einer kurzen, dicken Nadel fest.

Gussplatte. Will man von dem Siegel die eine Hälfte der Gussform erhalten, so verfährt man zunächst wie auf Seite 26 beschrieben, bestreicht den übrigen Raum der Platte leicht mit Oel und giesst nun den Gyps aus bis an den Rand derselben, oberhalb dessen die Fläche glatt gestrichen wird. Sodann beseitigt man den Papierrand, hebt behutsam die obere Gypsplatte ab, schneidet sie an den Rändern glatt und oben kantig und höhlt in der Mitte, von dem Siegel ausgehend bis zum unteren Ende der Platte, eine Gussrinne aus, ca. 1—2 cm breit und 0,5 cm tief; die äussere Oeffnung etwas grösser zum bequemeren Eingiessen des Metalls.

Ueber der Gussplatte wird eine neue, d. h. die andere Hälfte der Gussform in der beschriebenen Weise gebildet, nur mit dem Unterschied, dass man den Siegelabdruck jetzt mit Kitt, den man mit einer kleinen Walze glättet, ausfüllt. Beim Abheben der neuen Platte bleibt daran gewöhnlich der Kitt kleben. Beide Gussplatten aufeinander gelegt bergen die Gussrinne, sowie den Raum und Abdruck des Siegels. Bei zweiseitigen Siegeln muss sich der Abdruck der Kehrseite in der zweiten Gussplatte befinden. Um denselben zu erhalten, wird aus der Grundplatte das Siegel oder die Medaille herausgenommen und auf die erste Gussplatte in die Vertiefung — d. h. in den Abdruck der abgeprägten Seite — gelegt und zwar mit dieser nach unten. Darüber wird dann die zweite Gussplatte gemacht, und, wenn sie abgehoben ist, von der anderen das Siegel wieder entfernt.

Gussform. Beide Gussplatten werden durch über beide Ränder hinlaufende Einschnitte genau zusammengepasst, wieder auseinander genommen und zunächst sorgfältig getrocknet. Ist dies geschehen, so werden sie zwischen 2 Brettchen gelegt, welche durch Umschnürung, bezw. durch eine Schraubenzwinge oder kleine Presse fest zusammengehalten werden können.

Gussmetall. Dieses besteht aus reinem Zinn und Wismuth, wovon etwa 4 bezw. 5 Theile gemischt werden. Zuerst wird das Zinn geschmolzen und das Wismuth in Stücken von 3—4 Gran zugesetzt, wobei zu starke Hitze vermieden werden muss. Die beim Schmelzen entstehenden Schlacken sind zu entfernen, bevor die Masse, welche man über einer Spirituslampe flüssig erhält, zum Giessen benutzt wird.

Metallguss. Das flüssige Metall giesst man durch die Gussrinne langsam, doch ohne abzusetzen, in die Form, wartet das Erkalten des Erzes ab und nimmt nun sorgfältig aus der Gypsform den Abguss heraus, von welchem nur noch der Gusszapfen mittels Metallsäge und Feile zu beseitigen ist.

Bronzirung. Das Erz gewinnt durch Bronzirung. Diese wird hergestellt, indem man zu gleichen Theilen Messing und Gold in Salpetersäure mit einem Zusatz von 5 % Salzsäure auflöst, dieser Auflösung demnächst so lange Brunnenwasser zugiesst, bis von der blauen Färbung nur ein ganz schwacher Schein (eine Art Trübblau) übrig bleibt und nun mit einer Bürste diese Mischung auf den von Gyps gereinigten Abguss überträgt. Ist die Mischung gleichmässig vertheilt, so wird der Abguss mit einem wolligen Handtuch abgetupft, um die überflüssige Säure zu entfernen.

Blei-, Gold- und Silberglanz. Um dem Abgusse einen in's Graue spielenden Bleiglanz zu geben, braucht man ihn nur mit Pflanzenöl zu bestreichen, das nach einiger Zeit zu beseitigen ist. Vergoldung und Versilberung des Abgusses wird am besten durch Galvanoplastiker herzustellen sein.

ERKLÄRUNG DER ABBILDUNGEN.

Tafel I bis III. Schilde.

No. 1. Schild des 12. Jahrhunderts, aus dem Hortus deliciarum der HERRAD VON LANDSPERG (1160—1175). Der Schrägbalken ist kein Wappenbild, sondern nur Schildverzierung.

Diese und ähnliche Schildformen erscheinen vielfach auf Siegeln und Darstellungen jener Zeit, jedoch finden dieselben in der heutigen Heraldik keine Anwendung.

- 2. Zeichnung des Original-Wappenschildes des Deutschordens-Hochmeisters, Landgrafen CONRAD VON THÜRINGEN († 1241) im Archiv der St. Elisabethen-Kirche zu Marburg; nach einer vortrefflichen Photographie von L. BICKELL daselbst.

Dieser Schild wurde bereits in dem Trachtenwerk des Herrn VON HEFNER-ALTENECK und nach diesem von den Herren MAYER VON MAYERFELS, MICHELSEN u. A. abgebildet. Die Abbildungen sind jedoch — wie eine Vergleichung mit unserer ganz getreuen Zeichnung ergiebt — unzuverlässig, da nicht nur die Form des Schildes selbst, sondern auch die des darauf befindlichen Deutschordens-Schildchens — welches *nicht* zu den unten abgerundeten zählt, vielmehr an der rechten Seite etwas eingebogen erscheint und sehr wol dreieckig gewesen sein kann, auch an der unrichtigen Stelle gezeichnet wurde —, namentlich aber die Zeichnung des Löwen verfehlt ist.[1])

Der Schild ist von Holz, mit Pergament überzogen, welches vorn blau bemalt wurde und den Löwen von gepresstem Leder mit einer — nicht mehr vorhandenen — Krone von vergoldetem Blech zeigt. Das Auge des Löwen wird durch einen funkelnden, jetzt ebenfalls nicht mehr vorhandenen, Edelstein dargestellt gewesen sein. Die Krallen waren golden *gemalt*.

Auf der Rückseite des Schildes, an welcher sich eiserne Ringe zur Befestigung der aus starken Stricken bestehenden Schildfessel befinden, war ursprünglich eine ganz vergoldete Fläche auf Kreidegrund hergestellt, welche eine in starken Umrissen ausgeführte Malerei mit Temperafarben: Cyclus mehrerer Bilder, die Geschichte eines Ritters darstellend, enthielt. Bei der später in ungeschickter Weise vorgenommenen Befestigung des auf der Vorderseite losgelösten Löwen, durch Einschlagen von Nägeln, ging die Bemalung fast ganz zu Grunde.

Höhe des Schildes 87 cm, Breite desselben 74 cm.

- 3. Zeichnung des Original-Wappenschildes des Landgrafen HEINRICH's des Junkers VON THÜRINGEN († 1298) in der St. Elisabethen-Kirche zu Marburg; nach einer Photographie.

Die von den obengedachten Herren ebenfalls veranlasste Abbildung dieses heraldischen Kunstwerks ist nicht in allen ihren Theilen richtig, da nicht nur die Form des Schildes, sondern auch die Gestalt des Löwen von dem Original abweicht.[1])

Die Schildoberfläche ist mit einer doppelten, mit Leim und Kreide stark getränkten Leinenlage überzogen, die in feuchtem Zustande modellirt und in ein 4—12 mm starkes Relief gebracht wurde. Dasselbe stellt den landgräflichen Löwen dar, auf einem aus Rankenwerk und geflügelten Ungeheuern gebildeten blauen Felde. Sowol im Löwen selbst, als auch in der ihn umgebenden plastischen Musterung ist die Leinenlage durchbrochen. Durch diese Ausschnitte kommt der Untergrund zum Vorschein, der aus dem zunächst auf das etwa 1 cm starke Holz aufgebrachten vergoldeten Pergamentbezug besteht. Das Auge und die Waffen des Löwen sind golden. Die Rückseite des Schildes ist einfach blau bemalt und hat Vorrichtungen zur Handhabung.

Der Schild ist 78 cm hoch und 60 cm breit.

Die in Marburg vorhandenen alten Dreieckschilde, von denen einige ihres Ueberzugs entkleidet sind, wurden, soweit erkennbar, aus Lindenholz gefertigt.

---

[1]) In der 2. Auflage des Trachtenwerkes von VON HEFNER-ALTENECK sind die hier getadelten Abbildungen, sowie deren Beschreibung verbessert. Ausdrücklich wird aber darauf hingewiesen, dass die Beschreibung und die Masse der Schilde nach den Originalen und nicht nur nach Photographieen gefertigt waren.

— 32 —

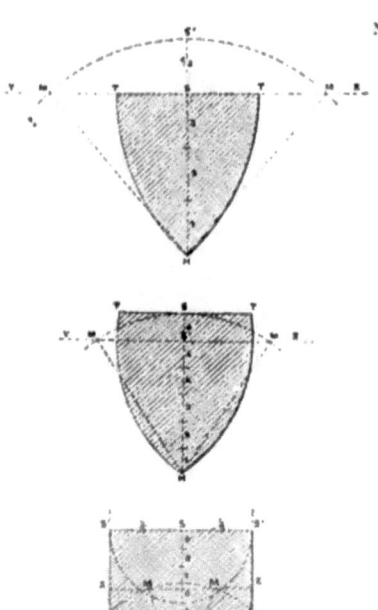

No. 4. Dreieckschild des 14 Jahrhunderts, mit einem Adler, nach einem Bildwerk in Goslar.
- 5. Desgleichen des 13. Jahrhunderts, mit einem Schwan, nach der Züricher Wappenrolle.
- 6. Desgleichen des 15. Jahrhunderts, mit zwei Leoparden, nach verschiedenen Vorbildern.

Diese Dreieckschilde, deren Formen annähernd dem bezeichneten Zeitraume entsprechen, können in der nebenstehend gezeichneten Weise aufgerissen werden.

- 7. Der unten zugespitzte, sogenannte französische Schild (15. Jahrhundert). Der Löwe nach einem Braunschweigischen Wappen aus jener Zeit.
- 8. Der unten abgerundete Schild (15. Jahrhundert) mit einem gevierteten Wappen — Löwen und Adler —, nach CONR. VON GRÜNENBERG's Wappenbuch vom Jahre 1483.
- 9. Tartschenschild aus der Mitte des 15. Jahrhunderts, rechterseits mit stark hervortretendem Ausschnitt zum Einlegen der Lanze und in der Mitte in einen scharfen Grat gebogen; oben aus-, unten eingekerbt.

Nach einem in Holz geschnittenen Wandschränkchen im Kunstgewerbe-Museum zu Berlin. Der Greif nach C. VON GRUNENBERG's Wappenbuch.

- 10. Desgleichen, nach einem Entwurfe zu einer Glasmalerei aus der 2. Hälfte des 15. Jahrhunderts, vormals im Besitze des Stadtraths BÜRKI zu Bern.

Der Panther nach einem in Wien befindlichen Steiermarkischen Original-Prunkhelmschmuck.

- 11. Desgleichen aus der 2. Hälfte des 15. Jahrhunderts, nach einem Kupferstich von MARTIN SCHONGAUER gen. SCHON, mit einem Flug. Da die Tartsche nach links gerichtet ist, befindet sich auch der Ausschnitt an der linken Seite. (Siehe übrigens »Allg. Regeln über den Schild«.)
- 12. Desgleichen, desgleichen mit einem Einhorn, nach links springend.
- 13. Original-Renntartsche eines Landgrafen von Hessen in der St. Elisabethen-Kirche zu Marburg, aus der 2. Hälfte des 15. Jahrhunderts; nach einer BICKELL'schen Photographie.

Der stark gewölbte, aus etwa 2 cm starkem Lindenholz hergestellte Schild mit 3 vorspringenden Rippen ist beiderseits mit dickem Schweinsleder überzogen, unter welchem an den durchgeriebenen Stellen Hanffasern in dünner wirrer Lage hervortreten. Auf der Rückseite der Tartsche ist das Leder nur mit einem schwachen Mennige-Anstrich gedeckt, vorn jedoch bis auf den Rand mit Leinen und darüber mit einem etwa 1 mm starken Kreidegrund versehen, der mit echtem Blattsilber belegt wurde. Auf dieser Unterlage ist die Zeichnung erst fein mit der Nadel vorgezeichnet, und Helm, Kleinod und Decken sind sodann mit Schwarz umrissen und schraffirt. Der blaue Schild zeigt den von Silber und Roth gestreiften gold-gekrönten Löwen mit goldenem Auge und goldenen Waffen. Die Farben wurden mit Lack überzogen.

Auf der Rückseite sind dicht unter dem Ausschnitt zum Einlegen der Lanze ein eiserner Haken und ausserdem noch 4 Befestigungszwecken dienende Krampen angenietet. Der Schild ist etwa 68 cm hoch; an der schmalsten Stelle, mitten, 36 und unten gemessen 50 cm breit. Die in VON HEFNER's Trachtenwerk, Abthl. II. Tafel 155 gegebene Abbildung und Beschreibung der Tartsche entspricht nicht ganz der Wirklichkeit.[1])

No. 13b. Seitenansicht derselben.
- 14. Tartschenschild nach den ROGENDORFF'schen Wappen von ALBR. DÜRER, aus dem Jahre 1520. Im Schilde das unbekannte Wappen mit den drei gekrönten Leopardenköpfen von A. DÜRER.
- 15. Desgleichen mit dem Nürnberger Wappen, aus DÜRER's Schule (G. PENCZ), von 1521.
- 16. Uebergangsform zum } Mit dem Wappen Kaiser FRIEDRICH III. (IV.) vom Jahre 1493.
  Renaissance-Schild. } Nach dem in Wien befindlichen Original-Prunkschilde.
- 17. Desgleichen nach ALBR. DÜRER, mit dem Adler des STABIUS'schen Wappens vom Jahre 1521.
- 18. Desgleichen nach HANS BURGKMAIR, mit dem Braunschweigischen Wappen, aus dem ersten Drittel des 16. Jahrhunderts.
- 19. Rautenschild aus dem Ende des 15. Jahrhunderts, mit einem Heirathswappen: 3 halbe Lilien und ein Löwe.
- 20. Desgleichen mit Cartouche, von 1565, nach einem Entwurf zu einem Glasgemälde. Im Schilde ein Lindenbaum.

---

[1]) Siehe Note auf Seite 31.

No. 21. Renaissanceschild, nach dem POMER'schen Wappen von ALBR. DÜRER, um 1527. Der Löwe im Schilde nach DÜRER's Kupferstich von 1520 mit dem Wappen der DE BERGHES.
- 22. Desgleichen von 1550, nach einem unbekannten Meister. Mit dem Wappen des PAULUS HECTOR MAIR in Augsburg.
- 23. Desgleichen nach JOST AMMAN, um 1570. Der Bar im Schilde nach DANIEL LINDTMAIR.
- 24. Desgleichen nach JOST AMMAN, um 1579. Der Steinbock nach dem Kupferstich eines unbekannten Meisters.
- 25. Schild mit Cartouche, nach Siegeln aus der 2. Hälfte des 16. Jahrhunderts. Der Adler aus ROXNER's Turnierbuch nach JOST AMMAN.
- 26. Desgleichen nach JOST AMMAN's Wappenbuch vom Jahre 1579.

Anmerkung. Die letzteren beiden Schildformen eignen sich für Darstellungen im Barockstyl.

Tafel IV. Wappenformen des 17., 18. und 19. Jahrhunderts.

- 27. Das Bayerische Wappen, nach einem im Besitz des Verfassers befindlichen Holzschnitt vom Titel des »Gandt Process der Fürstenthumben Obern vnd Nidern Bayern. Getruckt zu München, durch NICOLAUM HENRICUM. MDCXIV.«
  Ein in seiner Anordnung und Zeichnung als gut gelungen zu bezeichnendes Blatt.
- 28. Wappen des Abts ANTON II. (WOLFRATH) zu KREMSMÜNSTER, Fürstbischofs zu Wien, nach einem Kupferstich mit dem Bildniss desselben um 1631.
  Das über dem Schilde angebrachte, die Inful tragende Engelsköpfchen ist eine oft wiederkehrende Erscheinung bei den damaligen Wappen der Geistlichkeit.
- 29. Wappen des Reichserbtruchsess HANS ERNST, Grafen von FRIEDBERG-SCHEER, Herrn zu WALDBURG, † 1687. Nach dem Abdruck eines noch vorhandenen Siegelstempels.
- 30. Das Künstlerwappen aus der Zeit um 1680. Dasselbe findet sich als Holzschnitt in einem unbekannten deutschen, die französische Akademie der Künste behandelnden Druckwerk, von welchem im Besitze des Verfassers nur ein Bruchstück vorhanden ist.
- 31. JOSEPH WILHELM ERNST, Fürst von FÜRSTENBERG, Ritter des goldenen Vliesses, 1729, † 1762. Das nach einem Siegel gezeichnete Wappen mit den 5 Helmen ist in seiner Art zu den besten Darstellungen jener Zeit zu zählen.
- 32. JOHANN FRIEDRICH CARL FRANZ GOTTFRIED ANTON Graf von OSTEIN, Kurfürst und Erzbischof von Mainz, 1743.
  Ueber und unter dem gevierteten Schilde mit dem Mainzischen und OSTEIN'schen Wappen sind noch Schildchen mit Ahnenwappen des Erzbischofs: OSTEIN, SCHÖNBORN, DALBERG und BOINEBURG angebracht.
  Nach einem von WILH. C. RÜCKER gefertigten Holzschnitt, der den Zopf in seiner höchsten Blüthe zum Ausdruck bringt.
  Das Wappenblatt befindet sich in der Sammlung des Verfassers.
- 33. Helmdecke vom Wappen des JOHANN ANDREAS SCHRADER VON SCHRAMBERG, nach einem im Besitz des Verfassers befindlichen Original-Diplom vom 27. April 1745, welches von dem damaligen Reichs-Vicar König FRIEDR. AUG. von Polen, Herzog von Sachsen, ausgestellt wurde.
- 34. Wappen eines Grafen von WALDBURG-WURZACH, nach einem Siegel aus dem letzten Viertel des 18. Jahrhunderts.
- 35. Wappen der Nürnberger Familie VON HOLTZSCHUHER, nach einem Kupferstich von 1786 von A. W. KÖFNER, in der Sammlung des Verfassers.
  Der neben dem Wappenschilde stehende Helm mit Federbusch ist der damals übliche Schablonenhelm, der unbedenklich auf jeden beliebigen Schild gestellt wurde, einerlei, ob die Familie dieses oder ein anderes Helmkleinod führte.
  Das wirkliche Kleinod der HOLTZSCHUHER ist ein Mannsrumpf.
- 36. Wappen derer VON HAKE (Hannover), auf einem im Besitz des Verfassers befindlichen Bücherzeichen aus den 30er Jahren dieses Jahrhunderts. Dieses Wappen, bei welchem der Helm vermisst wird, das Kleinod aber nach englischer Sitte angebracht wurde, ist nach jeder Richtung hin unheraldisch dargestellt.

Anmerkung. Es haben hier nur *vollständige* Wappen als Beispiele gegeben werden können, da in dieser Zeit des gänzlichen Verfalls der Heraldik bestimmte Grundformen für Schilde, Helme und Decken nicht vorkommen, vielmehr nur zu häufig verfehlte Nachahmungen älterer Muster und ein Mischmasch aller Stylarten, aufgestutzt mit Gebilden toller Künstler-Laune und Willkür, oft auch nur Kronen tragende Schilde auftreten.

Tafel V. Kunstsprache, Heroldsstücke.[')]

No. 1. **Begleitet.** Zwei von 4 Rosen begleitete, abgewendete Barben.
- 2. **Belegt.** Gespaltener Schild, darin ein mit 3 Sternen belegter linker Schrägbalken.
- 3. **Besät.** Getheilter Schild. Oben ein wachsender Löwe in einem mit Herzen besäten Felde.
  Bestreut von kleinen Figuren, die in grösserer Anzahl den Schild decken, ohne dass sie in die 4 Ränder halb verschwinden.
- 4. **Beseitet.** In Gr. eine s. Säule, beseitet von 2 s. Sternen (VON GOECKINGK).
- 5. **Besetzt.** In B. ein g. Kleeblatt, besetzt mit 3 s. Eichblättern (VON BISMARCK).
  Besteckt mit, deutet an, dass der Rand oder die Spitzen einer Figur mit anderen kleineren besetzt sind.
  Bewehrt. Mit diesem Ausdruck werden die Waffen der Thiere bezeichnet. Dies sind bei Vierfüsslern: die Zähne, Krallen; bei Vögeln: die Schnäbel, Fänge; bei Fischen: die Flossen.
- 6. **Durchsteckt.** In B. eine g. Krone von einem aufgerichteten g. Scepter durchsteckt. (Freiherr VON KÖNIG.)
- 7. **Gestürzt.** In S. eine b. Lilie.
- 8. **Hervorbrechend.** In S. ein aus, auf gr. Rasen stehendem gr. Busch hervorbrechender r. Wolf. (VON WARTENSLEBEN.)
  Hervorgehend, von Armen, die aus Wolken oder einem Schildrand etc. hervorkommen, oder von Thieren, die aus einem Wald hervorschreiten.
- 9. **Redend.** In G. auf gr. Berg eine ♯ Henne. (Graf VON HENNEBERG.)
- 10. **Schreitend.** In R. auf gr. Rasen schreitend ein s. Pferd.
  Sinkend ist jede runde Figur, welche das für gewöhnlich nach oben gekehrte Ende abwärts kehrt.
- 11. **Springend.** In R, ein springender Hase natürlicher Farbe.
- 12. **Stehend.** In R. ein stehender s. Leopard (1483).
- 13. **Steigend oder aufrecht.** In B. ein steigender Löwe (1483).
  Diese Stellung ist für Vierfüssler die gewöhnliche und braucht daher nicht besonders gemeldet zu werden.
  Wachsend, gleichbedeutend mit halb. Siehe oben No. 3.
  Der wachsende Adler darf nicht die Schenkel zeigen.

- 14. **Turnierkragen.** In B. ein s. Zinnenthurm, überhöht von einem r. Turnierkragen mit 3 Lätzen. (Freiherr VON LAROCHE.)
- 15. **Gespalten** von ♯ und G.
- 16. **Getheilt** von S. und R.
- 17. **Schraggetheilt** von G. und B.
- 18. **Pfal.** In S. ♯ Pfal.
  Staab heisst ein auf ¹/₇ der Schildbreite reducirter Pfal.
- 19. **Gespalten**, fünfmal von B. und S. Ein sechsmal gespaltener Schild giebt 3 Pfale u. s. w.
- 20. **Schildhaupt**, r. über S.
  Schildfuss nimmt im Untertheil des Schildes ²/₇ der Breite desselben ein.
- 21. **Balken.** In R. ein s. Balken. Theilungslinien in ungerader Zahl ergeben nicht Balken, sondern Theilungen: siebenmal getheilt von . . . .
  Leiste heisst ein auf ¹/₇ der Schildbreite reducirter Balken.
- 22. **Getheilt**, fünfmal von R. und G. Ein sechsmal getheilter Schild giebt 3 Balken.
- 23. **Geviertet** von S. und ♯.
- 24. **Geschacht**, neunfach von S. und R. Ist das Feld mehr als sechzehnfach geschacht, so heisst es: **Gewürfelt.**
- 25. **Halbgespalten und getheilt** von S. und R. über B.

Gespalten und halbgetheilt: Getheilt und halbgespalten: Halbgetheilt und gespalten:

- 26. **Obereck**, r. in G. Das Obereck nimmt ¹/₃ des Schildhauptes ein.
  Untereck nimmt ¹/₃ des Schildfusses ein.

') Ueber die Bezeichnung der Farben im Schriftverkehr siehe Seite 8 und 9, Note 2.

No. 27. Das Orth, s. in B., nimmt ⅓ des Schildhauptes ein.
- 28. Schrägbalken, r. in S.
- 29.   do.   drei linke, s. in R. Eine ungerade Anzahl von Linien ergiebt eine drei-, fünf- und siebenfache Theilung.
- 30. Gerautet von ∥ und G., in der vorderen Seite des gespaltenen Schildes.
     Geweckt von B. und S., in der hinteren Seite des gespaltenen Schildes.
- 31. Spitze, s. in R. Das Gegentheil von dieser steigenden ist die gestürzte Spitze.
- 32. Sparren, g. in R.
- 33. Ständer. Von S. und R. achtmal geständert.
- 34. Stufengiebel, s. in B.
- 35. Schrägfluss (Wellenbalken), b. in S.
- 36. Bord. Feh mit r.-s. gestücktem Bord.

Tafel VI. bis IX. Gemeine Figuren.

No. 1. Löwe vom Wappenbilde des Landgrafen CONRAD VON THÜRINGEN († 1241). Siehe Tafel I. No. 2.
     Das Wappenbild ist hier der ursprünglichen Form entsprechend wiedergegeben worden.
- 2.   do. vom Wappenschilde des Landgrafen HEINRICH VON THÜRINGEN († 1298) mit Weglassung der Musterung. Siehe Tafel II. No. 3.
- 3.   do. nach dem Wappen des Markgrafen VON MEISSEN, abgebildet in der HEIDELBERGER Liederhandschrift. (1290—1310.)
- 4.   do. nach dem Wappen der Stadt Wasserburg in O. T. VON HEFNER's heraldischen Musterblättern. 14. Jahrhundert.
- 5.   do. im Wappen von Alt-Polen, nach CONR. V. GRÜNENBERG, 1483.
- 6.   do. im Charakter der Zeichnungen ALBR. DÜRER's. 1520.
- 7.   do. schreitend, nach ALBR. DÜRER (im Wappen des Erzherzogs KARL VON OESTERREICH, abgebildet in den heraldischen Kunstblättern von F. WARNECKE, Lief. II. No. 114) und
     Adler nach dem STABIUS'schen Wappen von ALBR. DÜRER. 1521.
- 8. Löwe und ⎫ nach dem von HANS BURGKMAIR gezeichneten Wappen des 1539 † Bischofs BERNHARD VON
     Adler   ⎭ TRIENT. (Abgebildet in den herald. Kunstbl., Lief. II. No. 128.)
- 9. Löwe aus RÜXNER's Turnierbuch vom Jahre 1566, nach JOST AMMAN's Holzschnitt.
- 10. Leopard, steigend, nach CONR. VON GRÜNENBERG, 1483.
- 11. Leoparden, schreitend, nach RÜXNER's Turnierbuch von 1566.
- 12. Adler, nach dem Wappen Kaiser HEINRICH's VI. in der HEIDELBERGER Liederhandschrift (1290—1310).
- 13. Adler, Wappen der Herzoge von Schlesien in CONR. VON GRÜNENBERG's Wappen-Codex von 1483.
- 14. Adler mit Nimbus ⎫
- 15.   do. überwerch ⎭ nach Kupferstichen von HIERONYMUS HOPFER, um 1520—1533.
- 16. Wappen mit dem Deutschen Reichsadler: In G. ein r. gezungter r.-bewehrter ∥ Adler, die Brust belegt mit einem Schilde, der in S. einen mit Königskrone gekrönten r.-gezungten, g.-bewehrten,[1]) in der rechten Klaue den g. Scepter, in der linken einen b., g.-bereiften und bekreuzten Reichsapfel haltenden ∥ Adler zeigt, dessen Flügel beiderseits mit g. Kleestengel belegt sind und der ferner auf der Brust den von S. und ∥ gevierteten Hohenzollernschild trägt.
     Entwurf von E. DOEPLER d. J.

     Anmerkung. Die Kette des Schwarzen Adler-Ordens umgiebt den Adler nur dann, wenn derselbe freischwebend, also ausserhalb des Schildes dargestellt wird. (Siehe Tafel XXVI.)
     Bei dem kleinen, mittleren und grösseren Wappen des Kaisers, welche ausführlich in dem Werke: »Die Attribute des neuen Deutschen Reichs« von Dr. R. G. STILLFRIED beschrieben sind, wird der Schild, auf dem die Reichskrone — mit der Weglassung der Bänder — ruht, von der Ordenskette umschlungen.

- 17. Schild mit dem Königlich Preussischen Adler: In S. ein mit der Königskrone gekrönter, r.-gezungter, g.-bewehrter, in der rechten Klaue den Kgl. Scepter, in der linken den Reichsapfel haltender ∥ Adler mit auf den Flügeln liegenden g. Kleeblattstengeln, dessen Brust die verschlungenen g. Buchstaben F. R. (den Namenszug König FRDR. I.) zeigt.
     Entwurf von E. DOEPLER d. J.

     Anmerkung. Die nähere Beschreibung des Königlich Preussischen Wappens enthält das Werk: »Die Titel und Wappen des Preussischen Königshauses, historisch erläutert von Dr. R. G. STILLFRIED.«

---

[1]) Siehe übrigens Seite 8, alin. 2. Die Waffen des Adlers sollen, wenn dieser im Schilde steht, roth, ausserhalb desselben aber golden sein. Dass dieser heraldischen Regeln zuwider der Adler auch im Schilde golden bewehrt erscheint, wird lediglich auf die Unkenntniss der um 1817 massgebenden Heraldiker zurückzuführen sein.

- No. 18. Adler aus dem von JOST AMMAN illustrirten ROXNER'schen Turnierbuch vom Jahre 1566.
- " 19. Adlerkopf, nach verschiedenen Darstellungen, um 1520.
- " 20. Adlerfang, stehend. Nach MARTIN SCHÖN, 1480—1490.
- " 21. Pfeil, beflügelt. Nach einem Todtenschilde der Zingel in der St. Eucharius-Kapelle zu Nürnberg, vom Jahre 1481.
- " 22. Bär. Nach D. LINDTMAIR'S Entwurfe zu einem Glasgemälde für den Abt BERNH. II. zu St. Gallen, 1594—1630. Abgeb. in den herald. Kunstbl., Lief. III. No. 287.
- " 23. Fuchs. Wie zu No. 18.
- " 24. Wolf mit Bischofsstab, nach einem Bestätigungsbrief für die Stadt St. Pölten vom Jahre 1487.
- " 25. Eberkopf mit einem in den Rachen geschossenen Pfeil: Wappen von Serbien, abgebildet in den vom Feldzeugmeister, Oberstkämmerer Grafen VON CRENNEVILLE im Jahre 1878 herausgegebenen Wappen des Oesterr. Kaiserhauses; nach alten vorhandenen Original-Holzstöcken aus dem Ende des 16. Jahrhunderts.
- " 26. Hirsch, nach JOST AMMAN's Wappenbuch vom Jahre 1579.
- " 27. Bock, nach einem Stammbuchblatt des THEODOR BÖCKLE vom Jahre 1579, in der Sammlung des Verfassers.
- " 28. Büffelkopf im Visir, gekrönt. Nach einem Siegel der Mecklenburgischen Stadt Grevismühlen v. J. 1360.
- " 30. Büffel (Stier), nach versch. Zeichnungen aus der ersten Hälfte des 16. Jahrhunderts.
- " 31. Pferd, springend, gezäumt. Mit Benutzung eines Kupferstichs von H. Hopfer, um 1523.
- " 32. Windhund, springend, mit Halsband. Nach einem Kupferstich von MARTIN SCHÖN, um 1480.
- " 33. Rüde mit Stachelhalsband. Nach verschiedenen Vorbildern. 1520.
- " 34. Bracke, auf Dreiberg stehend. Desgl. 1520.
- " 35. Katze, sitzend, gekrönt, mit Schnalle um den Leib. Nach einem TETZEL'schen Wappen, 1510.
- " 36. Sperber, flugbereit, auf einem Baumstumpf stehend. Wappen der STOCKER, abgeb. in den herald. Kunstbl., Lief. III. No. 246. Ca. 1565.
  Der Falke erscheint stets mit der federgeschmückten bunten Kappe über den Kopf gezogen, und mit Schellen um die Ständer; auch kommt er mit einer Binde um die Augen vor.
- " 37. Hahn, schreitend. Wie zu No. 32.
- " 38. Schwan. Desgl.
- " 39. Taube, schreitend. Nach einem Vorbild um 1520.
- " 40. Rabe, flugbereit. Nach ROXNER's Turnierbuch von 1565. (JOST AMMAN.)
- " 41. Pelikan. Nach einem Buchdrucker-Signet des FRANZ BEHEM zu Mainz vom Jahre 1550.
- " 42. Kranich, eine Kugel in der erhobenen rechten Kralle haltend. 1520.
  Der Reiher ist erkennbar an dem Nackenschopf.
  Der Storch erscheint bald einen Frosch, oder eine Schlange, oder auch einen Schlüssel im Schnabel haltend.
  Der Strauss findet sich fast stets mit einem Hufeisen im Schnabel abgebildet.
- " 43. Barben, abgewendete. Nach ALBR. DÜRER, um 1515.
  Die Barbe ist kenntlich an ihrem starken Kopf und den aus dem Maule heraushängenden »Sprossen«.
- " 44. Schlange, mehrfach geringelt, 1520. Nach AD. M. HILDEBRANDT's Musterbuch, Tafel XXXII. No. 32.
- " 45. Krebs, steigend. Nach JOST AMMAN's Wappenbuch vom Jahre 1579.
- " 46. Bienen, 2. 1. steigend. Nach einem Muster von 1570.
- " 47. Greif, nach einer Darstellung H. BURGKMAIR's, 1520.
- " 48. Panther desgleichen desgleichen.
- " 49. Drache, nach verschiedenen Darstellungen, 16. Jahrhdt., 1. Hälfte.
  Lindwurm wird dem Drachen ähnlich, jedoch mit 4 Füssen dargestellt.
  Basilisk desgl., mit Hahnenkopf und 2 Füssen.
- " 50. Doppeladler mit Heiligenschein, nach verschiedenen Darstellungen des 16. Jahrhunderts, 1. Hälfte.
- " 51. Jungfernadler (Harpye) desgl. desgl.
- " 52. Seejungfer (Melusine) nach dem PIRCKHAIMER-RIETER'schen Wappenblatt von ALBR. DÜRER, um 1520. Abgebildet in den herald. Kunstbl., Lief. I. No. 28.
  Die Seejungfer erscheint auch einschweifig, hält dann aber bald mit der einen Hand den Schweif, mit der anderen einen Kamm zum Haarstriegeln, bald Spiegel bezw. Kamm.
- " 53. Seelöwe, nach dem IMHOF'schen Wappen in JOST AMMAN's Wappenbuch von 1579.
- " 54. Einhorn, nach einem Kupferstich von M. SCHÖN, um 1470.
- " 55. Linde, ausgerissen. Nach Siegeln der Stadt Lindau am Bodensee. 1475.
- " 56. Eichenstaude, ausgerissen, } nach verschiedenen Darstellungen des 16. Jahrhunderts.
  Schilfkolben,
- " 57. Rose, gefüllt, nach Vorlagen des 16. Jahrhunderts.
  Die eigentliche heraldische Rose ist die Heckenrose mit 5 (1. 2. 2.) Blättern, welche grün-gebartet ist, d. h. gr. Kelchblätter und ein Mittelrund (Butzen) von anderer Tinctur hat.
- " 58. Lilie im Wappen der WELSER, gezeichnet von JOST AMMAN 1575.
- " 59. Seeblatt[1]) ausgebrochen, in einer gestürzten eingebogenen Spitze, beseitet von einem

---

[1]) Dass diese Figur als Seeblatt und nicht als Orthband oder Schwertscheiden-Beschlag, bezw. als Lindenblatt oder Schröter gehörn anzusprechen ist, geht daraus hervor, dass dieselbe schon im Mittelalter so genannt wird; in einem Diplomatar des Klosters Dobrilugk

— 37 —

Waldkleeblatt (das gewöhnliche Kleeblatt wird mit Stengel und weniger herzförmig dargestellt) und einer Weintraube, sinkend.

Im gevierteten Schilde mit Mittelschild:
No. 60. Sonne, nach einer Zeichnung von 1569.
Eine Sonne ohne Gesicht wird »ungebildete« bezeichnet.
Monde, zwei gebildete, zugewendete, mittels Rachenschnitts aneinander geschobene. Im Wappen des Nicol. Berschin, abgebildet in den herald. Kunstbl. Lief. III. No. 292.
Regenbogen. Die Farben desselben sind R. G. B.
Sterne, sechsstrahlig, 2. 1.
Mond, zunehmend. Abnehmend in Gestalt eines C.

Im gevierteten Schilde mit Mittelschild:
61. Thurm, bedacht (s. g. Dörer-Thorthurm), auf Dreiberg stehend. Nach einer Wappenmalerei, abgebildet in den herald. Kunstbl. Lief. III. No. 242.
Blitze, aus Doppelwolken auf Dreiberg herabfahrend.
Felsen (Dreifels), aus Wasser hervorragend.
Hausanker, nach Ad. M. Hildebrandt's herald. Musterbuch, Tafel XXXVI. No. 18.
Schlüssel, pfalweis abgewendet.

Im gevierteten Schilde mit Mittelschild:
62. Beil,
Halbes Kammrad, am Spalt, } im gespaltenen Mittelschild.
Angelhaken.
Stral. Der Pfeil wird mit Gefieder (Flitsch) gezeichnet.
Schwertgurtschnalle.
Scheere.

❦

Tafel X. Farben, Musterung und Farbenbezeichnung (Schraffirung).

No. 1. Für die Bezeichnung der Farben eines nichtfarbigen Wappens sind folgende Schraffirungen [1]) anzuwenden:
1. Gold (Gelb). 2. Silber (Weiss). 3. Roth. 4. Blau. 5. Grün. 6. Schwarz. 7. Purpur. 8. Braun. 9. Aschfarbe. 10. Eisenfarbe. 11. Natürliche Farbe. 12. Hermelin (die Hermelinschwänzchen ‖ in Weiss). 13. Gegenhermelin (die Hermelinschwänzchen Weiss in ‖). NB. Das Feld hätte hier ‖ schraffirt sein müssen. 14. Gemeines Feh (Blau und Weiss). 15. Kürsch (Weiss mit brauner Einfassung).

❦

- 2. Musterung nach einem Siegel von 1280. Getheilter Schild.
- 3. do. nach Conr. v. Grünenberg's Wappenbuch von 1483. Schrägbalken.
- 4. do. des Wappenschildes der Constanzer Familie Goldast: In B. ein 3 mal deichselförmig geästeter g. Baumstamm. 1480—1490.
- 5. do. des Wappenschildes der Kress, auf einem Holzschnitt nach Albr. Dürer vom Jahre 1530: In R. ein geschrägtes s. Schwert.
- 6. do. nach D. Lindtmair's Entwurfe zu einem Glasgemälde der Peyer vom Flaach: In B. ein g. Rautenschrägbalken. 1574.
- 7. do. nach dem Original-Wappenschilde der Burggrafen von Stromberg in der St. Elisabethen-Kirche zu Marburg: In von S. und R. getheiltem Schilde oben 3 hintereinander nach rechts schreitende Amseln. 1290.
- 8. do. desgleichen der Nordeck von Rabenau desgleichen: In S. drei (in neuerer Form als Waldkleeblätter dargestellte) Seeblätter — wovon hier nur eins abgebildet wurde — im Dreipass gestellt. 1300.
- 9. do. nach Conr. von Grünenberg's Wappenbuch von 1483. Pfal.
- 10. do. nach dem Holzschnitt Anton's von Worms, mit dem Wappen der Stadt Cöln: In S. ein r. Schildhaupt mit 3 g. Kronen nebeneinander. 1527.

»Iris folia lacualis«, »Seeblettire (im gräflich Breng'schen Wappen), »Seheblade« (im Tecklenburg'schen), nach einem Inventarium des gräflich Diepholz'schen Archivs von 1566. Näheres hierüber bei Grote: Geschichte des Kgl. Preuss. Wappens, Seite 84; V. Mayer, heraldisches A B C, Seite 274—276, 50f.

[1]) Ueber die Bezeichnung der Farben im Schriftverkehr siehe Seite 8 und 9, Note 2.

No. 11. Musterung nach dem Wappen des Bischofs von Augsburg JOHANN EGENOLPH VON KNÖRINGEN: Geviertet, 1 und 4 von R. und S. gespalten, 2 und 3 in || ein s. Ring. Holzschnitt JOST AMMAN's von 1573—1575.
    Bemerkung. Die Musterungen sind mit Vorsicht anzuwenden, da Unkundige leicht verleitet werden, stark hervortretende Muster für *Wappenbilder* anzusehen.

- 12. Beispiel der Farbenbezeichnung eines Wappenschildes:
Geviertet mit Mittelschild: In H. eine hinter gr. Dreiberg aufgehende Sonne. 1. In R. s. Schrägbalken. 2. In S. freischwebender, b.-bekleideter, mit g. Morgenstern bewaffneter, aufgerichteter und eingebogener Arm. 3. In von S. und B. gespaltenem Felde eine Lilie in wechselnden Farben. 4. In R. g. Balken.
- 12a. Derselbe Schild, nach rechts gelehnt. Die Schraffirung hat den Längs-, Quer- und Schrägaxen des Schildes, nicht denen des Papiers zu folgen.
- 13. In von S. und R. getheiltem, nach links gelehntem Schilde ein s. g. Manns-Löwe in wechselnden Farben. Nach dem Wappen der Familie SCHMIDHUCKER vom Jahre 1535.

Tafel XI. bis XIV. Helme.

No. 1. Topfhelm aus der Zeit von 1218—1220, nach einem Bildwerk in der Moritz-Kapelle im Dom zu Constanz. Abgebildet in J. H. VON HEFNER's Trachtenwerk, Abthl. I., Tafel 4. (Zweite Auflage desselben Werkes Tafel 123.)
    Topfhelm aus der ersten Hälfte des 14. Jahrhunderts; im Berliner Zeughause befindlich. Der aus 5 Stücken bestehende, an der Vorderseite mit einer Verstärkung und linkerseits mit Luftlöchern versehene Helm ist sehr stark verrostet. Seine Höhe beträgt im Ganzen 30 cm, die Tiefe 24 cm und die vordere Breite 20 cm.
- 2a. Ansicht im Halbprofil.
- 2b. Profilansicht von links.
Topfhelm aus der zweiten Hälfte des 14. Jahrhunderts, in der Waffensammlung des Oesterreichischen Kaiserhauses. Abgebildet nach ›Der Pranckher-Helm aus Stift Seckau, Monographie von F. G. v. M. Graz, 1878‹. Der Sehspalt dieses, aus 5 Stücken gefertigten Helmes wird in der Mitte durch einen 1,5 cm breiten Ansatz des Gesichtsschutzes getrennt, welcher diesen mit der Stirnplatte verbindet, und ist der Spalt bei einer Weite von 1 cm auf jeder Seite etwa 9,5 cm lang. Auf der Scheitelplatte befinden sich — ausser 15 anderen an den verschiedenen Helmtheilen — 30 doppelreihige, ein Kreuz bildende, 2,5 bis 5 mm grosse Löcher, welche zur Befestigung des — Seite 39 No. 2 — beschriebenen Kleinods dienten. Der obere Helmtheil war mit Leder gefüttert und der 5 K. 357 wiegende Helm ist aussen mit einem hellrothen Anstrich versehen. Maasse des Helms: in der Breite 21,5 cm, Tiefe 30 cm, Höhe 29 cm, in der Mitte 24 cm und hinten 26 cm.
- 3a. Vorderansicht. Bemerkenswerth ist die, namentlich auf der linken Seite angebrachte Verstärkung des ganzen Gesichtstheiles.
- 3b. Profilansicht von rechts.
- 4. Kübelhelm, etwa aus der zweiten Hälfte des 14. Jahrhunderts, im Besitze des Herrn GUSTAV VON DECKER zu Berlin. Der Helm besteht aus 5 Stücken und hat an der rechten Seite eine kreuzförmige Oeffnung, begleitet von 8 kreisförmig gestellten Löchern, unter welchen sich eine, wahrscheinlich zur Befestigung dienende Oese befindet. Ganze Höhe etwa 37 cm, Höhe der Glocke etwa 33 cm und Breite des nur in einer Seitenansicht dargestellten Helmes 28,5 cm.
Kübelhelm aus der zweiten Hälfte des 14. Jahrhunderts; nach dem im Königlichen Zeughause befindlichen Original der Waffensammlung Sr. Königl. Hoheit des Prinzen KARL VON PREUSSEN. Der Helm wurde aus 5 Stücken hergestellt. An der hinteren Seite desselben ist ein zum Befestigen an das Rückenstück dienender Haken vorhanden und vorn rechts eine Kreuzblume als Luftöffnung. Höhe der Glocke 36,5 cm, untere Breite 31,5 cm.
- 5a. Profilansicht von rechts.
- 5b. Vorderansicht.
- 5c. Ansicht von oben. Die auf den Kopfplatten sichtbaren 16 Löcher waren zum Anbringen des Helmkleinods bestimmt.
- 5d. Ansicht im Halbprofil von links.
Stechhelm, kleinere Form mit flacher Glocke, aus der zweiten Hälfte des 15. Jahrhunderts. Besitzer: Herr G. VON DECKER zu Berlin. — Der schön gearbeitete, vorn am Brusttheil durch eine Eisenplatte verstärkte und auf der Achsel des Helmhalses mit — zum Befestigen am Oberarm dienenden — Bügeln versehene Helm zeigt auf dem Grat der Glocke ein grösseres viereckiges und mehrere kleinere, zum Aufbinden des Kleinods bestimmte Löcher. Ferner sind zu beiden Seiten, in der Gegend des Ohres, Luftlöcher und über und unter diesen je vier rosettenartig eingefasste Oeffnungen vorhanden.
- 6a. Seitenansicht.

No. 6b. Ansicht im Halbprofil.
- 6c. Vorderansicht.
Grosser Stechhelm, aus dem Anfange des 16. Jahrhunderts im Königl. Zeughause zu Berlin. — Der Helm ist mit einem Kamme versehen, in welchem sich 2 zur Befestigung des Kleinods dienende Löcher und ausserdem noch 8 andere befinden, welche in der ziemlich hohen Glocke angebracht sind. An den Seiten je 5 verschiedenartig gestaltete Luftlöcher etc. Im Nacken sitzt die sogen. Helmzagelschraube und eine zum Anbringen des Riemens und zum festen Anziehen der Tartsche dienende Schnalle.
Ganze Höhe 44 cm, Breite 40,5 cm, stärkste Breite von vorn 27,5 cm.
- 7a. Seitenansicht.
- 7b. Ansicht im Halbprofil.
- 7c. Stück vom Nacken.
Salade (Rennhut) aus der Mitte des 15. Jahrhunderts in der Waffensammlung des Herrn G. VON DECKER zu Berlin. — Der aus nur 2 Stücken gefertigte, mit einem langen unbeweglichen Nackenschutz und mit 11 Futternägeln versehene Helm zeigt auf beiden Seiten je 4, zur Befestigung des Kleinods bestimmte Löcher, welche mit einem wulstartigen Rande umgeben sind. — Die Salade ist eine Nürnberger Plattner-Arbeit.
- 8a. Seitenansicht.
- 8b. Im Halbprofil mit aufgeschlagenem Visir.
Rosthelm aus der zweiten Hälfte des 15. Jahrhunderts. Abgebildet in HEFNER's Trachtenwerk, Abthl. II., Tafel 137. (II. Aufl. Tafel 301.) — Der Rost ist aus eisernen Spangen und Drähten hergestellt. Der hintere Theil des Helmes ist von Leder, über welches mehrere eiserne, abermals mit Leder überzogene Spangen laufen; darüber befindet sich wieder ein Ueberzug von Leinwand, mit einer kreideartigen Masse bestrichen, in welche Laubwerk auf punktirtem Grunde eingetragen ist. Die ganze Gravirung wurde zuletzt versilbert. Von hinten gesehen, zeigt der Helm den gemalten Wappenschild derer VON STEIN: in Gold 3 schwarze Wolfseisen.
Oben auf dem Helm befinden sich 2 durchlöcherte Eisen, welche zur Befestigung des Kleinods und der Helmdecken dienten.
Der Helm wurde über den Kopf gestülpt und konnte nicht geöffnet werden.
Ganze Höhe: 49 cm, Breite, von vorn gesehen: 32,5 cm.
- 9a. Ansicht im Halbprofil.
- 9b. Profilansicht.
- 9c. Rückenansicht.
- 10. Ceremonien- oder Vortraghelm, aus dem zweiten Drittel des 16. Jahrhunderts, im Besitz Sr. Königl. Hoheit des Fürsten VON HOHENZOLLERN; nach einer gelegentlich der Münchener Ausstellung vom Jahre 1876 hergestellten Photographie gezeichnet. — Der Helm ist — nach dem Katalog — in Leder gepresst, von überzogenen Stricken und leimgetränkter Leinwand gefertigt.
- 11. Visirhelm (Armet) aus dem Anfange des 16. Jahrhunderts, nach einem im Besitze des Verfassers befindlichen Original. — HANS BURGKMAIR zeichnete den Kaiser MAX in einem solchen gekrönten Helm, worauf ein Pfauenwedel. Dieser Helm mit geöffnetem Visir erscheint vorzugsweise für die Darstellung eines offenen Königlichen Helms geeignet, da er ein wirkliches Waffenstück war, während der sogen. offene, stets nach vorn zu kehrende Königliche Helm — wie ihn neuere Abbildungen zeigen — zu den erfundenen gehört.

✤

Tafel XV. bis XXI. Helmkleinode (Halskleinode), Helmdecken (Wulst, Helmkrone).

No. 1. Büffelhörner. Nach einem Grabsteine mit dem Wappen derer VON LEONROD aus dem Anfang des 14. Jahrhunderts im Kloster Heilsbronn.
2. do. Original-Helmkleinod zu dem auf Tafel XI. No. 3 abgebildeten PRANCKHER-Helm. Das etwa dem Ende des 14. Jahrhunderts angehörende, auf einem der Hirnschale ähnlichen Grunde sich erhebende und aus zusammengenähten Lederstreifen bestehende Kleinod zeigt mit grober Leinwand überzogene, dann mit Kreideanstrich versehene, erst versilberte und später vergoldete Büffelhörner. Die silbernen, aus starkem Leder geschnittenen Kämme sind in die Hörner gefügt. Zur Befestigung der vorn und hinten spitz zulaufenden, an beiden Seiten in einen stumpfen Winkel ausspringenden Hirnschale auf den Helm dienten an jeder der Spitzen etwa 2 cm von einander entfernte Löcher, je 2 hinten und an beiden Seiten und vorn: 3 (2, 1).
Das Kleinod ist 51 cm hoch, 40 cm breit und wiegt 1 K. 40 g.
3. do. Helm, Kleinod und Decken von dem Wappen des Fürstbischofs RUDOLF II. VON SCHERENBERG zu Würzburg (1466—1495); nach einem in den heraldischen Kunstblättern, Lief. 1 No. 21 wiedergegebenen Kupferstich.

No. 4.	Büffelhörner.	Original-Prunkhelm a. d. Jahre 1493 im städtischen Waffenmuseum zu Wien, mit dem Kleinod von Kärnthen; 2 g., beiderseits mit 5 g. Stäbchen besteckte Büffelhörner, an denen rechts je 3 ‖, links 3 r. Lindenblätter hängen. Der Helm (ca. 40 cm hoch) besteht aus vergoldetem Leder. Die Krone ist aus Holz geschnitzt und das Kleinod 65 cm hoch. Die Stäbchen sind 25 cm lang; die daran hangenden Blätter wurden aus dünnem Eisenblech geschnitten. Abgebildet in der Zeitschrift »Adler«, Jahrg. 1873, S. 130 u. ff.
" 5.	do.	Helm, Kleinod und Decken nach einem um 1520 von ALBR. DÜRER gezeichneten v. ROGENDORFF'schen Wappen, das in den herald. Kunstblättern, Lief. I No. 35, abgebildet wurde.
" 6.	Flug.	Mit freier Benutzung eines im Kgl. Museum zu Berlin befindlichen Original-Siegelstempels, welcher Helm und Kleinod des JOH. VON BARDELEBEN zeigt. 1295.
" 7.	do.	Aus der HEIDELBERGER Liederhandschrift (1290—1310), vom Wappen des »Margraven OTTE VÕ BRANDĒBG mit dem pfile«.
" 8.	do.	um 1334, nach Gräflich ZOLLERN'schen Siegeln.
" 9.	do.	nach einem in den heraldischen Kunstblättern, Lief. III. No. 162, abgebildeten Wappen des WOLF LÖFFELHOLZ vom Jahre 1493.
" 10.	do.	Kleinodhelm vom 1493 (siehe Tafel XV. No. 4 oben) mit dem Zimier von Burgau: ein geschlossener Flug, 5mal schräg von S. und R. getheilt und mit g. Pfal belegt. Der Flug, aus dünnen Brettchen geschnitten, ist 72 cm hoch und 80 cm breit.
" 11.	do.	desgleichen, desgleichen, mit dem Kleinod von Alt-Oesterreich oder Tirol: ‖ Flug, auf den äusseren Flächen mit ca. 4 cm langen und mit Oehr versehenen Stiften besteckt, an denen die g. Lindenblätter sich frei bewegen. Höhe des Flugs 86 cm.
" 12.	do.	Kleinod mit Tuchdecke nach einem Wappen der DALBERG, Kämmerer von Worms, auf einem Grabsteine a. d. 15. Jahrhundert in der St. Catharinen Kirche zu Oppenheim (südliches Querschiff).
" 13.	do.	Helm, Kleinod und Decken von dem eigenen, von ALBR. DÜRER im Jahre 1523 gezeichneten Wappen (siehe herald. Kunstbl., Lief. I. No. 38).
" 14.	do.	desgleichen aus dem JOST AMMAN'schen Stammbuche vom Jahre 1579.
" 15.	Pfauenwedel.	Helmkleinod des Hauses Oesterreich, nach der Züricher Wappenrolle aus dem Ende des 13. oder Anfang des 14. Jahrhunderts (No. 17).
" 16.	do.	nach CONR. VON GRÜNENBERG'S Wappenbuch von 1483: Herzog von Schwaben.
" 17.	do.	nach dem Grabdenkmal des Kaisers FRIEDRICH III. (IV.) im St. Stephans-Dom zu Wien, 1493.
" 18.	do.	Helmschmuck des Kaisers MAXIMILIAN, nach einem Holzschnitt HANS BURGKMAIR'S vom Jahre 1508.
" 19.	do.	Stechhelm nach einem Wappen der Stadt Strassburg von 1532, Holzschnitt von HANS WEYDITZ. Decken vom »Wappen Christi« aus einem französischen Horarium d. d. 16. Februar 1522. Kleinod vom Herzoglich Pommerschen Wappen, Holzschnitt von HANS BURGKMAIR. Sämmtliche Wappen befinden sich abgebildet in den heraldischen Kunstblättern, Lief. III. No. 197, 200 und 219.
" 20.	Hahnenfedern.	Helmschmuck aus der Züricher Wappenrolle (No. 190 ROSCHACH).
" 21.	Federköcher.	Vom Grabmal CONRAD'S VON EISENHOFEN zu Indersdorf a. d. J. 1472.
" 22.	Federbusch	von dem Wappen CONRAD'S VON GRÜNENBERG a. d. J. 1483.
" 23.	Straussfedern.	Helm und Decken nach einem Wappen von L. VON ANDLAU'S a. d. Jahre 1582 in dem Stammbuche des BALTHASAR STRASSIUS im Germanischen Museum. Das Kleinod aus JOST AMMAN'S Stammbuch von 1579.
" 24.	Adler,	auf dem Helm stehend. Vom Wappen Kaiser HEINRICH'S VI. in der HEIDELBERGER Liederhandschrift (1290—1310).
" 25.	Büffelkopf,	über den Helm gezogen. Nach einem Siegel des Grafen ADOLF VON CLEVE und der Mark vom Jahre 1407.
" 26.	do.	desgl. Kleinodhelm des Herzogs JOH. VON CLEVE, Grafen von der Mark und von Katzenellenbogen, von 1511. (Abgebildet in VON MAYER'S heraldischem A B C.)
" 27.	do.	desgl., nach einem Cleve'schen Siegel mit der Jahreszahl 1541.
" 28.	Schirmbrett.	Nach dem Original-Helmkleinod (siehe Tafel XV. No. 4) der »Windischen Mark« von 1493: auf g. Schirmbrett ein ‖ mit r. Schnüren und r. Futter versehener Hut. Das früher an den 7 Spitzen mit Federn geschmückt gewesene Schirmbrett ist auf beiden Seiten bemalt. Die Krone ist aus Holz geschnitzt.
" 29.	Hahn.	Nach dem Wappen der FREY VON GUTTINGEN in GRÜNENBERG'S Codex von 1483.
" 30.	Katze,	auf einem Kissen sitzend. Nach einem Grabstein mit dem Wappen der Familie KATZMAYR in der St. Elisabethen-Kirche am Heil. Geistspital zu München, von 1520.
" 31.	Pfau,	auf dem Helme stehend }
" 32.	Schwan,	auf dem Helme stehend } Nach Vorbildern in JOST AMMAN'S Stammbuch vom Jahre 1579.
" 33.	Strauss,	wachsend. }
" 34.	Geharnischter	schwertschwingender Arm. 15. Jahrhundert. Die Helmdecken nach einem Wappen auf dem Grabdenkmal MICHELS VON WARTHAUSEN zu Aichach vom Jahre 1505.
" 35.	Desgl.	im Styl des 16. Jahrhunderts, entworfen von E. DOEPLER d. J.

- No. 36. Leopard, gekrönt, wachsend. Nach der Züricher Wappenrolle (No. 8, Dänemark).
- " 37. Pantherkopf. Helm, Kleinod und Decken von einem Wappen auf dem Grabstein des Thomas . . . . . . in der Kirche zu Haslach, a. d. Jahre 1410.
- " 38. Adlerkopf. Aus dem Donaueschinger Wappenbuch von 1433.
- " 39. Löwe, wachsend. Nach einem Kupferstich Israels van Mecken. (Abgebildet: Heraldische Kunstblatter, I. Lief. No. 25.)
  Helm und Decken nach dem Entwurf zu einem Glasgemälde a. d. 15. Jahrhundert, vormals im Besitze des Stadtraths Bürki zu Bern.
- " 40. Brackenkopf (Seitenansicht). Nach verschiedenen Mustern in Grünenberg's Wappenbuch von 1483.
- " 41. Desgl. (von vorn gesehen). Helm und Kleinod nach einem Holzschnitt Hans Burgkmair's a. d. Jahre 1526 mit dem Wappen des Martin, Grafen von Oettingen. (Herald. Kunstbl., Lief. III. No. 204.)
- " 42. Löwe, wachsend. Helm, Kleinod und Decken nach einem Wappenbrief für Hans Schmidhucker von 1533. (Original im Besitz des Verfassers.)
- " 43. Frauenrumpf. Abgebildet in der Züricher Wappenrolle. (No. 385. Rabenstein.)
- " 44. Greif. Helm (Salade), Kleinod und Decken nach einem in der Zeit nach 1470 von Barth. Zeitblom gestochenen Wappen der Constanzer Familie Goldast. (Abgebildet in den herald. Kunstbl., Lief. 1. No. 15.)
- " 45. Adler. Vom Helm des römischen Kaisers in Conrad von Grünenberg's Wappenbuch. Die Decken nach dem Wappen des Dogen ebendaselbst.
- " 46. Geharnischter Ritter, wachsend, einen Kolben in der Rechten haltend. Nach einem Holzschnitt mit dem Wappen Johann Adler's a. d. Ende des 15. Jahrhunderts. (Abgeb. in den herald. Kunstbl., Lief. III. No. 201.)
- " 47. Mann, wachsend, Bogen und Pfeil haltend. Vom Wappen der Salzburger Familie Wolpenhover a. d. J. 1529.
- " 48. Arm, einen ausgerissenen Baumstamm haltend. Aus der Bekleidung des Armes sind hier in echt heraldischer Weise die Tuchdecken des Wappens gebildet.
  Das Wappen ist mit freier Benutzung der Abbildung eines solchen des Martin Rawter (Reitter), auf einem Grabsteine aus dem Jahre 1416 an der Aussenseite der Margarethen-Kapelle zu St. Peter in Salzburg, von E. Doepler d. J. gezeichnet.
- " 49. Hut, mit Hahnenfedern besteckt. Das Helmkleinod der Neustetter genannt Störmer, auf einem Holzschnitt von Jost Amman aus der Zeit von 1576—80. (Original im Besitz des Verfassers.)
- " 50. Drache, auf dem gekrönten Stechhelm stehend. Entwurf im Styl des letzten Viertels des 15. Jahrhunderts.
- " 51. Hut, aus dessen Stulp 2 an den Seiten mit Lindenblättern und oben mit Straussfedern besteckte Schäfte (Spickel) hervorgehen. Kleinod der Familie von Witzleben (Elgersburger und Molschlebener Linie), im Styl der 2. Hälfte des 15. Jahrhunderts.
- " 52. Geierkopf mit Halsband zwischen (rechts 2, links 3) Rennfähnlein. Kleinod derer von Witzleben, Liebensteiner Linie. 2. Hälfte des 15. Jahrhunderts.

Halskleinode: siehe Tafel X. 12, 12a, XXI. 49.
Wulstei   -   "   XVI. 13, XIX. 42.
Helmkronen: -   "   XV. 3, 4, 5 u. f., sowie Tafel XXIII.

Tafel XXII. und XXIII. Krone und Helmkleinode des deutschen Kaisers und Königs von Preussen und sonstige Rangkronen.

Die Deutsche Reichskrone besteht aus einem g. Stirnreif, aus Schildchen gebildet, die mit Brillanten eingefasst sind; die grösseren Schilde zeigen ein Edelsteinkreuz — das von 4 kleineren solchen Kreuzen bewinkelt ist —, die kleineren den ebenfalls mit Brillanten besetzten Reichsadler, über dessen Haupte ein 8strahliger Stern schwebt. Auf den grösseren Schildchen ruhen 4 g. im Scheitelpunkt in ein Blattwerk endigende Bügel, auf welchen der b. g.-bereifte und bekreuzte Reichsapfel ruht. Die Krone ist mit Goldbrocat gefüttert, der in Form einer Mütze bis zur halben Höhe der Bügel hervorragt. Von der Krone fliegen 2 g. mit Arabesken verzierte Bänder ab.

Die Krone der Deutschen Kaiserin ist von Gold, reich mit Brillanten und Rubinen besetzt und wird mit 4, durch den Reichsapfel überhöhten Bügeln geschlossen. Im Innern der Krone befindet sich eine Mütze von Goldbrocat.

Die Krone des Kronprinzen des Deutschen Reichs zeigt einen goldenen, mit Brillanten besetzten Stirnreif, aus sich viermal abwechselnd je ein Kreuz bezw. Reichsadler, beide mit Edelsteinen geschmückt, erheben. Die Kreuze stützen vier halbrunde, g. mit Perlen besetzte Bügel, welche den Reichsapfel tragen. Die Krone ist mit einer Mütze von purpurfarbigem Sammet gefüttert.

Der Helm und das Kleinod des Deutschen Kaisers besteht aus einem gekr. g. Spangenhelm mit an g. Kette hängendem Schildchen, das den s.- ‖ gevierteten Hohenzollernschild zeigt. Aus der Krone wächst der Deutsche Reichsadler, zwischen zwei in erstere gesteckten, durch die Adlerflügel gehaltenen Standarten: rechts die kaiserliche, links die königliche. Ueber dem Adler die schwebende Kaiserkrone mit abfliegenden, um die Schäfte der Standarten geschlungenen Bändern.

Kaiserliche Standarte: G. mit ‖ Reichsadlern und g. Kaiserkronen abwechselnd besäetes Fahnentuch, belegt mit dem eisernen Kreuz, an dessen Herzstelle das kleine Wappen des Kaisers (Schild mit Reichsadler, Krone und Schwarzem Adlerorden) angebracht ist.

Königliche Standarte: Purpurfarbiges, mit ‖ preussischen Adlern und g. Königskronen besäetes Fahnentuch, belegt mit dem eisernen Kreuz, dessen Herzstelle das kleine Wappen des Königs (Schild mit Krone, umgeben vom Schwarzen Adlerorden) zeigt.

Der Helm und das Kleinod des Königs von Preussen, für den Adlerschild, das Heirathswappen der Majestäten und die Prinzen des Königlichen Hauses bestimmt, zeigt einen gekr. g. Spangenhelm mit ‖ - s. Decken und einem, wie oben beschriebenen Halskleinod. Aus der Krone wächst der Preussische Adler.

Die Kaiserkrone von Oesterreich, welche Rudolf II. um 1570 anfertigen liess und welche seit dieser Zeit die Oesterreichische Hauskrone blieb, ist ein mit Edelsteinen reich geschmückter, mit je 4 grösseren und kleineren Blättern besetzter g. Reif, auf dem beiderseits 2 oben spitz zulaufende, gebauchte, zu je einer Viertelskugel sich vereinigende, figürliche Darstellungen zeigende Schilde erheben. Letztere haben in der Mitte einen von vorn nach hinten laufenden breiten, keilförmigen Ausschnitt, unter welchem die an den Rändern mit Perlen und Emaileinfassung versehene r. Kappe sichtbar wird. Der mit Edelsteinen besetzte Bügel trägt ein Kreuz mit ungeschliffenem Saphir.

In der gewöhnlichen Darstellung findet man die Krone statt des Kreuzes mit einem Reichsapfel abgebildet.

Die Deutsche Kaiserkrone, auf dem Grabmal Friedrich III. (IV.) im Stephans-Dom zu Wien vom Jahre 1493, sowie die

Kaiserkrone, abgebildet nach Conr. von Grünenberg's Wappenbuche vom Jahre 1483, sind von den Künstlern nicht nach der wirklichen

Krone des Römisch-Deutschen Kaiserreiches, welche selten Jemand sah, gezeichnet. Letztere ist eine runde Kappe, umgeben von 8, oben halbkreisförmigen g.-Schildchen, wovon je 4 abwechselnd mit Edelsteinen und Perlen besetzt, bezw. mit Emailbildern geschmückt sind.

Die Böhmische Königskrone ist aus einem mit Edelsteinen besetzten g. Reif gebildet, von dem sich 4 gleichfalls mit Steinen geschmückte Gleven erheben. Innerhalb des Reifens befinden sich 2 Bügel über einer r. Sammetmütze, welche auf dem Scheitelpunkt ein Kreuz tragen.

Die Ungarische Königskrone unterscheidet sich von den Kaiserkronen ebenfalls dadurch, dass sie 2 Bügel hat. Die Krone wird aus einem mit Edelsteinen und Emailbildern geschmückten g. Stirnreif — aus dem an g. Ketten kleeblattartig gefasste gr. Steine herabhängen — gebildet, auf welchem 9 halbrunde und spitze Schildchen (mit gr. Email versehen) angebracht sind. Auf der Spitze befindet sich eine grosse Perle, darüber ein nach der linken Seite geneigtes Kreuz. Das Futter der Krone besteht aus rothem Sammet.

Die gewöhnliche Königskrone besteht aus 8, reich mit Edelsteinen besetzten g. Spangen, welche auf einem den g. Stirnreif überhöhenden Blattornament ruhen und auf dem Scheitelpunkt den Reichsapfel tragen.

Die Preussische Königskrone besteht — nach einer im Besitz des Verfassers befindlichen, hier wörtlich wiedergegebenen Beschreibung von der Hand Sr. Majestät des Kaisers und Königs Wilhelm I. — aus einem goldenen Reifen, von dem 8 goldene Spangen sich nach oben wölben und mit einem Reichsapfel von Rubin geschlossen werden. Reifen und Spangen sind reich mit Brillanten besetzt. Im Innern der Krone befindet sich ein roth-sammetnes Barett.

Die Grossherzogliche Krone, welche auch die Erzherzoge von Oesterreich führen, unterscheidet sich von der gewöhnlichen Königskrone nur durch das unter den Spangen sichtbar dargestellte rothe Futter.

Erzherzogshut, nach dem Wappenschilde des Erzherzogs Karl von Oesterreich, nach einem in den herald. Kunstbl., Lief. II. No. 114 abgebildeten Holzschnitt der Dürer'schen Schule.

Der Kurhut, welcher in den verschiedenartigsten Formen getragen und dargestellt wurde, findet sich meistens als r. Mütze mit Hermelinstulp abgebildet, über welchem ein den Reichsapfel tragender, reich mit Perlen besetzter g. Bügel erscheint.

Der letzte Kurfürst von Hessen bediente sich ausschliesslich der gewöhnlichen Königskrone.

Der Herzogshut unterscheidet sich von dem Kurhut nur dadurch, dass er 8 Spangen (5 sichtbar) zeigt, während

Der Fürstenhut deren nur 4 (3 sichtbar) hat.

Die sog. Erlauchtkrone besteht aus einem mit 8 (5 sichtbaren) Blättern verzierten, über eine r. Mütze gezogenen g. Stirnreif, welcher oben in der Mitte ein natürliches Hermelinschwänzchen zeigt.

Die moderne Grafenkrone zeigt einen mit Steinen besetzten g. Stirnreif, auf welchem (16) 9 Perlen angebracht sind.

Die alte Grafenkrone war ein mit 8 (5) Blättern gezierter Goldreif.

Die moderne Freiherrnkrone: Reif mit (12) 7 Perlen.

Die alte Freiherrnkrone bestand aus einem mit einer Perlenschnur umwundenen Goldreif, der später (zuerst im 18. Jahrhundert) mit 5 Kugeln besteckt erscheint.

Die moderne Adelskrone ist ein g. Reif mit (8) 5 Perlen.
Die moderne Helmkrone, welche auch als Adelsabzeichen dient. Die eigentliche Helmkrone ist die alte Königskrone. Sie ist unbedingt anzuwenden, wenn Wappen im gothischen Styl dargestellt werden sollen, und besteht aus einem einfachen mit (4) 3 Blättern geschmückten Goldreif.

Auf Helmen, Schäften, Säulen, Hüten u. dergl. darf nur diese und keine eigentliche Rangkrone zur Verwendung gelangen; im Schilde oder als Besetzung anderer Figuren, namentlich auf den Köpfen der Löwen, Adler u. s. w. kann die Helmkrone jede andere, dem betreffenden Wappen eigenthümliche Färbung haben.

Die französische Marquiskrone: Goldreif mit (4) 3 sichtbaren Blättern, zwischen denen je 3 in Gold 1, 2 gefasste Perlen stehen.

Alte Rangkrone, nach einem Siegel der ANNA VON STUBENBERG, Tochter HERTNEIDS VON PETTAU, 3. Gemahlin FRIEDRICHS III. V. STUBENBERG, vom Jahre 1370.

Dieses wegen der Krone von den beiden Wappenschildchen besonders bemerkenswerthe Siegel befindet sich im Besitz des Herrn Grafen VON BUTTLER zu Graz, dem ich die gefällige Mittheilung einer sehr genauen Zeichnung verdanke.

Die Stadt- oder Mauerkrone, welche in der Neuzeit vielfach angewendet wird, der alten Heraldik jedoch fremd war, findet sich auf Tafel XXXVI. No. 9 abgebildet.

Blattkronen des 15. Jahrhunderts im städtischen Museum zu Breslau und im Deutschen Kunstgewerbe-Museum zu Berlin.

Diese beiden Kronen sind künstlerisch vollendete Beispiele für die Darstellung von Helmkronen und alten Rangabzeichen.

Tafel XXIV. und XXV.
Hüte, Mützen, Orden und Fahnen und das Wappen der Reichslande.

Tiara und Schlüssel, nach verschiedenen Darstellungen des 16. Jahrhunderts.
Im Schilde darunter das Familienwappen des gegenwärtigen Papstes LEO XIII. (JOACHIM PECCI): in B. eine, aus gr. Berg wachsende, von s. Balken überdeckte und zur Rechten, von g. Kometen (den Schweif links abwärts kehrend) überhöhte natürliche Tanne, deren Stamm 2 g. Lilien begleiten.

Die Tiara besteht aus einer hohen weissen, nach Andern von purpur-, blau- und grünseidenen Streifen zusammengesetzten und mit einem dreifachen g. Kronenreif überzogenen Mütze, welche oben den Reichsapfel trägt. An den Seiten der Tiara hängen mit Kreuzen bestickte Bänder herab.

Die Schlüssel, rechts g., links s., werden bald hinter dem Schilde, bald oberhalb desselben geschrägt gefunden.

Cardinalshut, roth, wie auch die zu beiden Seiten desselben herabhängenden Schnüre und 15 Quasten. Hinter dem Schilde ein aufrechtstehendes, g. zweiarmiges Patriarchenkreuz.

Nach einem Holzschnitt der DÜRER'schen Schule mit dem Wappen des Cardinals ALBRECHT VON MAINZ a. d. Jahre 1525; abgebildet in den herald. Kunstbl., Lief. I. No. 44.

Erzbischofshut, grün mit 10 gr. Quasten. Hinter dem Schilde stehend das Kreuz mit den beiden Querarmen und daneben geschrägt Schwert und Bischofsstab; letzterer mit abfliegendem weissen Sudarium (Schweisstuch).

Bischofshut, grün mit 6 gr. Quasten. Hinter dem Schilde ein einarmiges Kreuz und ausserdem Schwert und Stab; ersteres jedoch nur für Bischöfe mit landesfürstlicher Hoheit.

Der Protonotariats-Hut ist ‡‡ und hat auf jeder Seite 3 violette Quasten.

Abt CASPAR II. zu St. Blasien im Schwarzwald, siehe Seite 21, Note 1.

Aebtissinnen führen den mit abfliegenden Binden gezierten Krummstab allein und zwar hinter dem Schilde aufrecht stehend.

Bischofsmütze (Mitra) und Krummstab aus dem 15. Jahrhundert; nach verschiedenen Vorbildern.

Die Mütze besteht aus gemustertem weissen Brocat, der mit Goldstickereien und Edelsteinen verziert ist.

Desgleichen aus dem 16. Jahrhundert, nach einer Zeichnung von HANS SEBALD BEHAM (Wappen der Reichsabtei St. Emmeran zu Regensburg).

Anmerkung. Bischofshut und Bischofsmütze über den Wappenschild zu stellen, ist ebenso unheraldisch, als die Anbringung von Rangkrone und Helm bei einem adeligen Wappen. Es kann mithin nur der Hut, oder nur die Mitra über dem Schilde angebracht werden.

No. 1. Das Wappen der Reichslande (Elsass-Lothringen). Dasselbe ist durch Kaiserlichen Erlass vom 9. Februar 1892 festgestellt und zeigt den Deutschen Reichsadler mit der darüber schwebenden Kaiserkrone, ohne Ordenskette, belegt mit einem gespaltenen Brustschilde, dessen rechte getheilte Hälfte die Wappen des Ober- und Unter-Elsass und dessen linke Hälfte das entsprechende Wappen von Lothringen enthält.

Feld 1: Oben in R. ein einwärts gekehrter, g., von je 3 g. Kronen (2 und 1) begleiteter Schrägbalken (Wappen der Landgrafschaft Ober-Elsass), unten im r. Felde ein ebenfalls linksgewendeter s., beiderseits mit gleichfarbigen Perlen und Dreiblättern abwechselnd besteckter Schrägbalken (Wappen der Landgrafschaft Unter-Elsass).

In der linken Schildeshälfte erscheint im g. Felde ein r. mit drei gestümmelten s., schräg-gelegten kleinen Adlern belegter Schrägbalken. (Wappen des Herzogthums Lothringen.)

Ueber dem Schilde ruht eine Fürstenkrone.

- No. 2. Einzelheiten der Kette des Ordens vom Schwarzen Adler.
- " 3. Orden vom goldenen Vliess (Oesterreich).
- " 4. Kette } vom Hosenbandorden (Grofsbritannien und Irland).
- " 5. Band }
- " 6. Orden der Ehrenlegion (Frankreich).
- " 7. Elephanten-Orden (Dänemark).
- " 8. Andreas-Orden (Russland).
- " 9. Annunciaten-Orden (Italien).
- " 10. Kreuz der Deutschordens-Ritter.

Anmerkung. Farbige Darstellungen der zu 1—10 benannten Orden finden sich u. A. in der Chronik sämmtlicher Ritter-Orden etc., von H. SCHULZE, Berlin 1855, auf welches Werk hier verwiesen werden muss. Siehe auch v. ZOLLER, Orden Deutschlands und Oesterreichs (Frankfurt a. M., HEINRICH KELLER).

Das Kreuz des Johanniter-Ordens,[1]) in Verbindung mit dem Wappen derer VON PRITTWITZ UND GAFFRON:
- No. 11. — im Obereck.
- " 12. — im Schildhaupt.
- " 13. — im gespaltenen Schilde, vorn.
- " 14. — im gevierteten Schilde, 1 und 4.
- " 15. — als Mittelschild.
- " 16. — in R. das s. Ordenskreuz, belegt mit dem Wappenschild.
- " 17. — freischwebend, belegt mit dem Wappenschild.
- No. 18. Das Kreuz der Hochmeister des Deutschen Ordens: ╫ in S. und belegt mit einem s. in g. Gleven endenden Kreuz; letzteres wiederum belegt mit Mittelschild, worin in G. ein ╫ Adler (seit 1489).
- " 19. Altes Deutschordenskreuz: ╫ in S.
- " 20. Das r. Krückenkreuz des Ordens vom heiligen Grabe zu Jerusalem, bewinkelt von 4 dergl. in S.
- " 21. Das Kreuz des Malteser-Ordens: s. in R. (wie das Kreuz der Johanniter).

- No. 1. Fahne (Banner) des Bisthums Bamberg, nach der Züricher Wappenrolle a. d. Ende des 13. oder Anfang des 14. Jahrhunderts: im s. Felde ein ╫ Löwe, überdeckt von einem g. Schrägbalken.
- " 2. Fahne (Banner) mit dem steyrischen Panther, nach einem Siegel vom Jahre 1336.
- " 3. Fahne mit 3 Schafscheeren, nach einem Grabstein des CONRAD VON EISENHOFEN zu Indersdorf aus dem Jahre 1472.
- " 4. Vier Fahnen mit den Wappen von Preussen, Bayern, Sachsen und Württemberg, nach einer ähnlichen Anordnung in CONR. VON GRÜNENBERG's Wappenbuch vom Jahre 1483.
- " 5. Fahne, belegt mit dem Oesterreichischen sog. Bindenschild, nach einem Holzschnitt MICHAEL WOHLGEMUTH's von 1491.
- " 6. Deutsche Reichssturmfahne mit Schwenkel, nach einer Abbildung in O. T. VON HEFNER's Handbuch der Heraldik. H. zeichnet den Schwenkel grün. Die Farbe desselben aber ist richtiger roth.
- " 7. Banner, getragen von einem Landsknecht. Letzterer nach einem Holzschnitt des NICOLAUS MANUEL DEUTSCH, um 1520.
- " 8. Kirchenfahne, nach einem Wappenschilde von Tübingen, im GRÜNENBERG 1483.
- " 9. Künstlerfahne, im Styl Anfangs des 16. Jahrhunderts, entworfen von E. DOEPLER d. J. und ausgeführt für die Studirenden der Akademie der Künste zu Berlin im Jahre 1878.

Tafel XXVI. Der deutsche Reichsadler.

Um den Reichsadler schlingt sich die Kette des Ordens vom Schwarzen Adler. Siehe auch Tafel VII. Nr. 16 und XXIV. Nr. 2.

Anmerkung. Wenn der Reichsadler freischwebend dargestellt wird, so ist über dem Haupte desselben die Reichskrone anzubringen, von welcher zwei g., mit Arabesken verzierte Bänder abfliegen.

---

[1]) Nach dem im Orden bestehenden und durch das Ordenscapitel bestätigten Gebrauch haben:
1. nur die Commendatoren das Recht, ihren Wappenschild auf das Ordenskreuz zu legen;
2. die Rechtsritter dürfen das Ordenskreuz in ihren Wappenschild mit aufnehmen, während
3. die Ehrenritter nur berechtigt sind, das Kreuz ihrem Wappenschilde unten anzuhängen.

Tafel XXVII. bis XXXI. Schildhalter.

No. 1. **Ritter**, vollständig gewappnet; im Sinne der Neuzeit aufgefasst und mit Benutzung einer Abbildung von dem Grabsteine ALBRECHT'S VON HOHENLOHE († 1319) in der Klosterkirche zu Schönthal an der Jaxt, gezeichnet von E. DOEPLER d. J.

- 2. **Bannerträger** und Wappenhalter der Stadt Bern a. d. Zeit von 1489, wie derselbe auf einem Titelblatt der Schweizergeschichte von DIEPOLD SCHILLING (Manuscript auf der Stadtbibliothek von Bern) sich abgebildet findet.
Nach einer vom Gallerie-Inspector C. BÜHLER für das Berner Taschenbuch von 1877 gefertigten Nachbildung.

3. **Nackte menschliche Gestalten** halten das Wappen mit einem Hahn; vermuthlich der alten mecklenburgischen Familie VON HAHN angehörig.
Mit Benutzung eines Abdrucks von dem jetzt im Besitz des Verfassers (früher Eigenthum des General-Majors Freiherrn VON LEDEBUR zu Berlin) befindlichen Original-Petschaft a. d. Mitte des 15. Jahrhunderts, gezeichnet von E. DOEPLER d. J.
Auf dem Schriftbande des Originals befindet sich die Inschrift: »ich leb' in hofnunge«.

- 4. **Hirsch**, das Wappen der hannöverschen Familie VON BRANDIS haltend. Erfindung im Styl des 16. Jahrhunderts.
- 5. **Windhund**, als Schildhalter des von GOECKINGK'schen Wappens. Entworfen im Styl vom Ende des 15. Jahrh.
- 6. **Adler** mit dem von E. DOEPLER d. J. im Geschmack ALBRECHT DÜRER'S gezeichneten VON REIBERG'schen Wappen.
- 7. **Schwan**, eine Krone um den Hals tragend, als Schildhalter. Anfang des 16. Jahrhunderts.
- 8. **Engel**, auf Wolken schwebend und den Wappenschild der Gräfin Bertha von BRÜHL, geborenen Prinzessin von LOBKOWITZ, tragend.
- 9. **Engel**, gekrönt und schwebend, die Wappenschilde der Freifrau VON BERLEPSCH, geb. VON TIELE-WINCKLER tragend; im Styl des Anfangs des 16. Jahrhunderts.
- 10. **Edeldame**, das Wappen des Feldzeugmeisters FRANZ, Grafen FOLLIOT DE CRENNEVILLE, Oberstkämmerers Sr. Majestät des Kaisers von Oesterreich, Königs v. Ungarn, haltend. Im Styl des Anfangs des 16. Jahrhunderts.
- 11. **Löwen**, auf Baumzweigen stehend, als Schildhalter des altbayerischen Wappens. Entworfen im Styl des Anfangs des 16. Jahrhunderts.
- 12. **Greifen**, auf einem Lorbeer-, bezw. Eichenzweig stehend, als Schildhalter des kleinen Wappens Sr. Majestät des Kaisers von Oesterreich.
Den Schild umgiebt der Orden des goldenen Vliesses.
Componirt im Styl des Anfangs des 16. Jahrhunderts.

- 13. **Edeldame und Ritter**. Das Wappen mit einem Löwen im Schilde, auf dem gekr. Helme wachsend zwischen einem Flug, ist ein erfundenes.
Entwurf von E. DOEPLER d. J., im Styl des ersten Drittels des 16. Jahrhunderts.

Tafel XXXII. Heiraths-Wappen.

No. 1. VICTORIA, Kronprinzessin des Deutschen Reichs und von Preussen, geborene Prinzessin von Grossbritannien und Irland (jetzige Kaiserin und Königin Friedrich).
Deutschland: Siehe Wappenbeschreibung zu Tafel VII. No. 16.
England: Geviertet mit Mittelschild: Von # und G. neunmal getheilt und mit gr. Rautenkranz überzogen. 1. und 4. In R. drei übereinander schreitende g. Leoparden. 2. In G. ein r. Löwe innerhalb eines doppelten inneren r. Lilienbords. 3. In B. eine g. Davidsharfe. Auf dem Rückschild ein s. Turnierkragen mit 3 Lätzen, wovon der mittelste mit einer r. Rose, die beiden äusseren je mit einem r. Kreuze belegt sind. Die Wappenschilde werden von einem auf Wolken knieenden Engel gehalten, über welchem die Krone schwebt.
Entwurf von E. DOEPLER d. J.
Wiederholt muss hierbei darauf hingewiesen werden, dass es unrichtig ist, wenn die Köpfe der Adler im deutschen Reichswappen statt nach Links nach Rechts gekehrt erscheinen. Der Hohenzollernschild sowol als auch Scepter und Reichsapfel müssen ferner wie hier der Wendung des Schildes entsprechend dargestellt werden.
Bei einem Heiraths-Wappen: Preussen und England hat jedoch der Namenszug F. R. auf der Brust des Adlers in seiner natürlichen Stellung zu verbleiben, da Buchstaben von Links nach Rechts nicht gelesen werden, mithin eine Ausnahme von der mehrgedachten heraldischen Regel machen.

- 2. SUSANNE, Gräfin VON OEYNHAUSEN, geb. KAYSER.
OEYNHAUSEN: In B. eine viersprossige s. Leiter. Auf dem gekr. Helm blauer Flug, beiderseits mit der gespaltenen viersprossigen s. Leiter belegt. Decken: b.-s.
KAYSER: Gespalten von # und B. Vorn 2 g. Sterne übereinander; hinten zunehmender s. Mond. Wulst: #-B, mit #-b. #-Straussfedern, die mittelste mit g. Stern belegt. Decken: #-g. und b.-s.

Der Helmschmuck des KAYSER'schen Wappens ist mit dem OEYNHAUSEN'schen vereinigt. Derartige heraldisch zulässige Zusammenstellungen verbieten sich von selbst, wenn die Vereinigung der Kleinode wider den guten Geschmack oder den Gebrauch verstösst.

Als Vorlage hierzu diente ein Wappen der LÖFFELHOLZ und STROMER vom Jahre 1493; abgebildet in den herald. Kunstbl., Lief. III. No. 192.

No. 3. VON PROLLIUS und VON BÖLOW.

PROLLIUS: Geviertet von R. G. S. und B. 1. Nach links gekehrter g. Löwe. 2. Gestürztes r. Füllhorn, mit herausfallenden Blumen. 3. Drei g. Waizenähren, die zur Rechten niedergebogen, an einem Stengel. 4. G. Doppeladler. Auf dem gekr. Helm der Doppeladler, wachsend. Decken: r.-g. und b.-g.

BÖLOW: In B. vierzehn 4, 4, 3, 2, 1 gestellte g. Kugeln. Auf dem b.-g. bewulsteten Helm ein g. Flug, belegt mit 2, je mit 7 Kugeln belegten b. Büffelhörnern, dazwischen ein »Vogel Bülow« natürlicher Farbe mit g. Ring im Schnabel. Decken: b.-g.

Die beiden Wappen sind im Styl von 1520, mit Benutzung gleichzeitiger Helmdecken entworfen.

- 4. AUGUSTE VON LÜNEBURG, geb. VON DER DECKEN.

LÜNEBURG: Getheilt von S. und R. Oben ein wachsender b. Löwe in einem mit r. Herzen besäten Felde.

DECKEN: In S. ‖ Kesselhaken.

Entwurf zu einem Siegel im Style des 15. Jahrhunderts. Das die Ecken des Dreipasses füllende Schriftband ist zur Aufnahme des Namens oder Wahlspruchs bestimmt.

- 5. ANNA VON BRUCKEN, gen. FOCK, geb. SCHWING.

BRUCKEN-FOCK: Geviertet mit Mittelschild: In G. ein querliegender natürlicher Baumstamm, aus welchem oben 3 gr. Eichblätter wachsen. 1. und 4. In G. halber ‖ Adler am Spalt. 2. und 3. In S. 3 r., 2. 1 gestellte Rosen.

SCHWING: In S. b. Pfal, belegt mit einem s. Herz zwischen 2 s. Sternen und beseitet von 2 b. Lilien.

Die Schilde umgiebt ein Liebesseil, d. h. ein in einander geschlungenes Seil mit 4 doppelten Knoten, mit welchem, in Frankreich zuerst, Frauen ihren Wappenschild umgaben, während Wittwen die Knoten aus dem Seil fortliessen. Diese Sitte ist in Deutschland nicht recht heimisch geworden.

Entwurf im Styl der ersten Hälfte des 16. Jahrhunderts.

- 6. SEBOLT ROTHAN und . . . . . , nach einem Siegel von 1469.

Bemerkung. Andere Heiraths-Wappen finden sich auf Tafel XXIX. No. 8 und 9, XXXVI. No. 2. und 4.

Tafel XXXIII. Wappenbeschreibung.

Beispiel einer Wappenbeschreibung.[1]

Zweimal gespaltener Haupt-Schild mit Mittel- und Herzschild und einem Schildhaupt.

Herzschild. In ‖ auf s. Dreiberg ein deutscher Herold in g. g.-befransten Wappenrock, r.-s. Aermeln und Unterkleid, ‖ Hut mit ‖-s.-r. Federn, in der Rechten einen g. Scepterstab haltend. (Wappen des Vereins »Herold« zu Berlin.)

Mittelschild. Geviertet, mit zwischen a und b eingeschobenem b. Pfal, darin eine s. viersprossige Leiter (Graf VON OEYNHAUSEN, Stamm-W.) und zwischen c und d eingepfropfter und eingebogener ‖ Spitze, in welcher zwei, von vier r.-besaamten, gr.-bebarteten vierblätterigen s. Rosen begleitete, auswärts gekrümmte, r.-bewehrte s. Barben (GRITZNER).

a) in R. mit drei s. Zinnenthürmen besetzte s. Mauer (WARNECKE).
b) in S. g.-gekrönter, schreitender ‖ Rabe (Freiherr v. CANSTEIN).
c) S.-‖gespalten mit Doppeladler in wechselnden Farben (v. ZITZEWITZ).
d) in S. gestürzter b. Kleeblatt-Anker (SCHOEPPLENBERG).

Schildhaupt. Gespalten, Vorn: in S. zwei schreitende ‖ Leoparden mit untergeschlagenem Schweif (Fürst zu HOHENLOHE-WALDENBURG, Stammwappen). Hinten in R. mit g. linken Freiviertel, worin ein ‖ Löwe: Hut-Feh-Schrägbalken, begleitet von zwei g. Sternen, von denen der obere verdeckt ist. (MAYER VON MAYERFELS).

Erster Pfal. Gespalten und fünfmal getheilt mit s. Herzschild, darin ein aus durchbrochenem r. Stufengiebel von 5 Steinen wachsender r. Greif (Freiherr VON BOHLEN).
  1. Von G. über ‖ schräggetheilt (Graf VON STILLFRIED, Stammwappen).
  2. In R. schwebendes s. Kreuz, links unten begleitet von s., schwebenden Zickzackbalken (v. KRZYZANOWSKI).

---

[1] Dasselbe ist aus den Wappen von Mitgliedern des heraldischen Vereins »Herold« in Berlin zusammengestellt und im Uebrigen mit in Wirklichkeit vorkommenden Nebenbestandtheilen eines grossen Wappens ausgestattet.
Die Farbenbezeichnung ist absichtlich nicht in Anwendung gebracht.
Es ist nur die von der gewöhnlichen abweichende Stellung der Schildfiguren nach links besonders beschrieben.

3. Geviertet; a und d: in G. ‖ Löwe. b und c: in B. wachsender g. Palmbaum (Freiherr von Köhne).
4. Gespalten. Vorn in G. halbes r. Kammrad am Spalt; hinten in B. drei aus gr. Boden wachsende g. Aehren (Rietstap).
5. Geviertet, mit gräflich-gekr. g. Herzschild, darin der schlesische Adler; a: in ‖ gesenkter g. Anker; b: in G. Meerweib natürlicher Farbe; c: in B. steigender, gebildeter Mond, von drei s. Sternen begleitet; d: in R. s. Lilie. (Graf von Hoverden.)
6. Von S. über ‖ getheilt. (Freiherr von Linstow.)
7. In S. an gr., aus gr. Dreiberg wachsenden Blätterstengel, drei gr.-besaamte r. Rosen. (Heyer von Rosenfeld).
8. In R. s. Sparren. (Freiherr von Ledebur.)
9. Unter b. mit drei s. Lilien belegten Schildhaupt, in G. ein r. Löwe. (Starke.)
10. Geviertet; a und d: in R. schreitendes s. Lamm; b und c: in S. b. Schrägbalken, belegt mit drei, mit den Spitzen in einander steckenden s. Judenhüten. (Freih. Löffelholz v. Kolberg.)
11. fällt wegen der Rundung des Schildes aus.
12. In B. fünfmal geästeter, aufwärts gebogener, schräger s. Baumstamm. (Hildebrandt.)

Zweiter Pfal. Gespalten und fünfmal getheilt.
1. Unter ‖ Schildhaupt, worin drei, das Gelenk aufwärts kehrende s. Pilgermuscheln, in S. ein r. Löwe. (Lord Odo Russell.)
2. B. mit g. Lilien besät und mit rechtem r. Freiviertel, in welchem ein ‖ Adler. (Foucault dei Conti Daugnon.)
3. Von ‖ und G. geschacht. (v. Prittwitz und Gaffron.)
4. In B. aufgerichtetes g. durch g. Krone gestecktes Scepter. (Freiin v. König Warthausen.)
5.—8. Durch den Mittelschild verdeckt.
9. In S. mit drei g. sechszackigen Spornrädern belegter r. Schrägbalken. (v. Redern.)
10. Gespalten von S. und R., darin ein, mit drei g. Sternen belegter linker b. Schrägbalken. (von Gerbel.)
11. Geviertet; a und d: in B. auf gr. Boden schreitender ‖ Hirsch, behängt mit g. Decke, worauf ein m-formiger Zickzackbalken; b und c: in G. ‖ Zickzackbalken. (von Neindorff.)
12. Gespalten. Vorn in ‖, gekrönter g. Löwe; hinten in G. gekr., g.-bewehrter ‖ Adler. (Freiherr von Saurma-Jeltsch.)

Dritter Pfal. Gespalten und fünfmal getheilt mit Herzschild, von einem Herzschildchen belegt, in welchem in G. ein querliegender, natürlicher Baumstamm, woraus oben drei gr. Eichenblätter wachsen. Im Herzschild vorn in G. halber ‖ Adler am Spalt; hinten in S. drei (2, 1) r. Rosen. (von Brucken-Fock.)
1. In S. gezahntes b. Kreuz, bewinkelt von vier r. Büffelköpfen im Visir. (Borel d'Hauterive.)
2. In R. auf gr. Boden natürlicher, gegen gr. Baum springender Hirsch, unter dessen Vorderläufen ein aufwärts gekehrter g. Sporn. (v. Klingspor.)
3. Getheilt von ‖ über G. durch einen, mit drei s. Sternen belegten linken b. Schrägbalken; oben eine g. Krone, unten auf gr. Dreiberg ein gekr., doppelschweif., schwertschwingender ‖ Löwe. (Graf von Pettenegg.)
4. Gespalten. Vorn in ‖ eine g. Handschelle; hinten getheilt und oben wiederum getheilt von S. über B. mit drei im Oberteil stehenden ‖ Kleeblättern; unten G. (Chevalier de Schouthéete de Tervarent.)
5. Von ‖ und S. geviertet. (Freiherr von Grass.)
6. In Gr. eine s. Säule, beseitet von zwei s. Sternen. (von Goeckingk.)
7. In G. ‖ Balken, darüber drei ‖, balkenweis gestellte Kugeln. (v. Oidtman.)
8. Gespalten von R. und ‖, darin auf gr. Dreiberg vorwärts gekehrter, schwertschwingender, g.-geharnischter Ritter. (Hartmann von Franzenshuld.)
9. In G. r.-gr. getheilter Löwe. (von Schönberg.)
10. Von S. und R. mit Mittelspitzen getheilt, darin drei (1, 2) Kleeblätter in wechselnden Farben. (Seyler.)
11. Innerhalb Hermelinbordes in B. drei (2, 1) steigende g. Monde. (Clericus.)
12. Fällt wegen der Schildrundung aus.

Sieben Helme (von denen die äusseren — rechterseits Helm mit aufgeschlagenem Visir, links Salade — die Köpfe der Schildhalter bedecken.
1. (gekrönt): der Herold des Herzschildes, wachsend, statt des Scepterstabes die Reichsfahne haltend. Decken: ‖ s. r. vermischt. (Verein »Herold«.)
2. (gekrönt): b. Flug, beiderseits belegt mit einer gespaltenen viersprossigen s. Leiter. Decken: b. s. (Graf von Oeynhausen.)
3. (Wulst: r.-s.): s. Zinnenthurm zwischen r., beiderseits mit einem dergleichen belegten Flug. Decken: r.-s. (Warnecke.)
4. (gekrönt): mit dem ‖ Raben bemalter s. Spitzhut, aus dessen Krone fünf ‖ Rabenfedern hervorgehen. Decken: ‖-s. (Freiherr von Canstein.)
5. (Wulst: ‖-s.): Büffelhörner s. ‖, in der Mündung mit je einer Pfauenfeder, und aussen mit zwei gr.-bebarteten Rosen, die rechten s. besaamt r., die linken r.-besaamt s. Decken: ‖-s. (Gritzner.)

6. (gekrönt): Sieben ‖-s. wechselnde Straussfedern. Decken: ‖-s, (von Zitzewitz.)
7. (ungekrönt): Wachsender ‖ Adler. Decken: b.-s. (Schoepplenberg.)

Um den Schild eine g. Kette, bestehend: abwechselnd aus zwei, durch einen Lorbeerkranz gekreuzten Sceptern und ringförmiger Umfassung, in welcher ein gothisches H. Unten an der Kette hängt ein rundes, durchbrochenes Halskleinod mit Herold.

Schildhalter (auf g. Astwerk stehend, um welches sich ein s. Band mit Sinnspruch: »Festhalten am Alten« schlingt, jeder mit der inneren Hand an g. Lanze eine s. Standarte mit aufgerichtetem ‖ Bären — Wappen der Reichshauptstadt Berlin — haltend) rechts: ein geharnischter Ritter; links: ein Eichenlaub umschürzter, mit der äusseren Hand eine Keule bei Fuss haltender wilder Mann.

Das Ganze umgiebt ein mit Kürsch gefüttertes, mit g. Fransen und Schnüren versehenes r. Wappenzelt, um dessen Kuppel sich eine, mit Kronenreif gezierte, g.-bordirte und -befranste b. Binde mit dem Feldschrei: »Hie Herold« schlingt. Die r. Kuppel trägt eine Krone, aus welcher ein kurzer, oben mit g. Adler besetzter g. Schaft hervorgeht, an welchem vermittelst g. Schnüre und Ringe an g. Querstabe, das deutsche Reichsbanner — dessen Enden beiderseits abfliegen — hängt.

Tafel XXXIV. Ahnentafel, Schriftwesen.

Ahnentafel zu 16 Ahnen der Prinzessin Anna Maria von der Pfalz a. d. H. Neuburg, geb. 12. Aug. 1575, gest. 1. Febr. 1643, Gemahlin des Herzogs Friedr. Wilhelm von Sachsen-Altenburg. Nach einem im Besitz des Verfassers befindlichen Kupferstich von Hans Sibmacher. 1591.

Anmerkung. Als Muster eines *Stammbaums* kann im Allgemeinen auch dieser Stich dienen; nur ist zu berücksichtigen, dass dabei, vom *Stammvater* des Geschlechts ausgehend, dessen sämmtliche *Nachkommen* oder auch nur die männlichen Mitglieder der Familie nebst deren Ehefrauen aufzuführen sind, während die Ahnentafel mit einem *jüngeren* Familien-Mitgliede beginnt und dessen Eltern, Grosseltern, Urgrosseltern u. s. w. nachzuweisen hat.

Die Wappen der Ahnen lassen sich in der mannigfaltigsten Weise anbringen. So befindet sich in der Fürstlich Oettingen'schen Bibliothek zu Wallerstein eine prächtige heraldische Handschrift, betitelt: die 32 Ahnen des Ludwig Alex., Freiherrn von Sötern, in welcher die Ahnenwappen durch Vereinigung mehrerer Schilde in einen dargestellt sind. — — —

Eine Auswahl von Ahnentafeln und Stammbäumen bringt Ad. M. Hildebrandt's heraldisches Musterbuch, auf welches Werk hier verwiesen werden muss.

※

Majuskelschrift des 14. Jahrhunderts.
Minuskelschrift des 15. Jahrhunderts.
Arabische Ziffern, aus der Zeit um 1498.
Römisches Alphabet von H. Holbein, 16. Jahrhundert.

Tafel XXXV. Entwürfe zu Siegeln.

No. 1. Bildniss-Siegel mit Wappen Seiner Kaiserlichen und Königlichen Hoheit des Kronprinzen des Deutschen Reichs und von Preussen (nachmals Kaiser Friedrich III.), zu Pferd. Entwurf von E. Dörpler d. J., im Styl der zweiten Hälfte des 15. Jahrhunderts.

Anmerkung. Das Helmkleinod würde der heraldischen Regel zufolge — wie auf dem Kopfe des Pferdes — seitwärts zu stellen gewesen sein. Von dieser Regel ist hier jedoch abgewichen, da der auf der Brust des wachsenden Adlers befindliche Schild bei der Seitwärtsstellung des Kleinods nicht genau erkennbar gewesen wäre.

- 2. Wappen-Siegel Friedrich Wilhelm's, Kronprinzen des Deutschen Reichs und von Preussen (nachmals Kaiser Friedrich III.). Den Schild umgiebt die Kette des Ordens vom Schwarzen Adler. Auf dem inneren Schriftbande der Wahlspruch Sr. Kais. und Königl. Hoheit: »Furchtlos und beharrlich«.
Entworfen im Styl des 16. Jahrhunderts.
- 3. Siegel in der ersten Hälfte des 15. Jahrhunderts, mit dem vollständigen Wappen derer von Puttkamer.
- 4. Desgleichen, 15. Jahrhundert. Wappen des Heraldikers Alfred Grenser zu Wien.
- 5. Schildsiegel Curd's Grafen von Seckendorff. Nach einem Original des 15. Jahrhunderts neu entworfen.
- 6. Curd Warnecke, 1879. Als Schildhalter ein geflügelter Knabe. Im Geschmack des 16. Jahrhunderts.
- 7. Helmsiegel Carl.'s Ritter von Mayerfels, im Styl vom Ende des 15. Jahrhunderts.
- 8. Hans Hertzhainer. Der geharnischte Ritter, in knieender Stellung, hält in der Rechten die Fahne und trägt den an einem Riemen hängenden Wappenschild am Arme. Die gekrönte Salade zeigt das Helmkleinod. Nach einem Original-Wachssiegel von 1467, im Besitz des Verfassers.
- 9. Wappenschild mit einem gekr. Raben, welcher von einem eben solchen Raben gehalten wird. Nach dem Original-Wachssiegel Jacob (Hra . ?) Rabe's aus dem 15. Jahrhundert, im Besitz des Verfassers.

No. 10. Siegel der Stadt Muncifay in Böhmen. Im Schilde zwei doppelschwänzige Löwen, welche jeder einen unten aus einer fünffachen Wurzel hervorgehenden Buchenzweig mit Blatt halten. Nach dem Original-Siegel vom Jahre 1515.
- 11. Siegel der Stadt Hradisch (Mähren). Nach einem Original aus dem 15. Jahrhundert. Im Schilde eine Mauer mit 2 Thürmen; dazwischen ein Gewappneter, der mit der Rechten ein Schwert schwingt und in der Linken einen Schild trägt.

Tafel XXXVI. Abbildungen nach Original-Siegeln.

Gravirungen in Metall von dem am 5. Januar 1811 zu München geborenen und daselbst am 20. April 1870 verstorbenen Hofgraveur Thomas Birnböck.

No. 1. Verein für christliche Kunst zu München, 1861. Im Vierpass MARIA mit dem Jesuskinde. Modern-gothisch.
- 2. Frau REGINA VON MAYERFELS, geb. MENGES. Die heilige REGINA, im Vierpass stehend, als Schildhalterin. Im gothischen Styl.
- 3. Freiherr VON BOINEBURG, jüng. Linie; Doppeladler, belegt mit dem von einer Ordenskette umgebenen und mit der Freiherrnkrone geschmückten Wappenschilde. Modern.
- 4. Wappen der Fürstin VALENTIN SCHACHOWSKOI, geb. Gräfin LAUTREC-TOULOUSE, mit 2 Windhunden als Schildhaltern. Die Schilde sind von einem aus Schnüren geflochtenen, mit sog. Liebesknoten versehenen Seil umschlungen. Das Ganze umgiebt ein Wappenmantel. Modern.
- 5. Gräflich GIECH'sches Domanial-Kanzlei-Siegel. Der Wappenschild trägt 4 Helme. Renaissance.
- 6. Erzbischof IGNATZ VON SENESTREY zu Regensburg. Modern-gothisch.
- 7. Dr. OTTO TITAN VON HEFNER zu München. Gothischer Styl des 15. Jahrhunderts.
- 8. FRIEDR. WOLF, Buch- und Steindruckerei-Besitzer zu München, desgleichen. Auf dem Spruchband die Devise: »Ich steh' dem Tod, ich trotz' der Noth«.
- 9. Historischer Verein in und für Ingolstadt, 1865. Den Wappenschild der Stadt bedeckt eine Mauerkrone. Moderne Gothik.
- 10. Fürstlich LICHNOWSKI'sches Wappen, gehalten von einem Edelknaben und einem Edelfräulein. Auf einem Bande die Inschrift: »Jagdschloss Kuchelna 1853«. Renaissance.
- 11. Graf VON STILLFRIED. Der Wappenschild (Schildhalter: Löwe und Bracke) trägt 3 Helme und ist von einer Ordenskette umgeben. Renaissance.
- 12. Fürst VON THURN UND TAXIS. Den Schild umgiebt der Orden des goldenen Vliesses. Modern.
- 13. Bildnisssiegel mit Wappen LUDWIG's, Grafen VON PAPPENHEIM, zu Pferd. Styl des 14. Jahrhunderts.
- 14. DOROTHEA, Herzogin von Sagan, 1852. Schild mit Monogramm auf einem Malteser-Kreuz liegend, von einem Engel getragen, den Wappenschilde umgeben. Moderne Gothik.
- 15. »Sigillum conventus sueviae« zu München. Im Styl des 15. Jahrhunderts.
- 16. Oberstlieutenant HERMANN VON STARKLOFF zu Cannstadt, desgleichen.
- 17. Freiherr ROTH VON SCHRECKENSTEIN. Renaissance.
- 18. Kammerherr Dr. CARL, Ritter und Edler VON MAYERFELS. Im Styl des 15. Jahrhunderts (um 1470).
- 19. ELISE, Freiin VON KÖNIG-WARTHAUSEN, 1857. Modern-gothisch.
- 20. CARL KURTZ, desgleichen.
- 21. LUDWIG, Graf VON PAPPENHEIM. Im Styl des 14. Jahrhunderts.
- 22. HERMANN VON STARKLOFF, desgleichen 15. Jahrhundert.
- 23. Freiherr SCHENCK VON STAUFFENBERG. Renaissance.
- 24. HEINRICH, Freiherr VON LEDEBUR. Gothischer Styl des 15. Jahrhunderts.
- 25. LEOPOLD, Freiherr VON LEDEBUR. Renaissance.
- 26. »Secretum Caroli equitis DE MAYER«. Der Schild wird von einem knieenden Engel gehalten. Gothischer Styl um 1500.
- 27. Wappenschild, von einem Bande mit der Inschrift: »CARL Ritter VON MAYER« umschlungen. Gothischer Styl um 1470.

NAMEN- UND SACHREGISTER.

(Die arabische Ziffer giebt die Seitenzahl des Textes, die römische die der Tafel an.)

A.

Adelskrone . . . . 30. 43. XXIII.
Adler . 8, 12, 20. 32. 33. 35. 40. 41. 45. 47.
  I—III. VI. VII. XVIII. XX. XXVIII. XXXIII.
Adlerfang . . . . 36. VII.
Adler, Johann . . . . 41. XX.
Adlerkopf . . . . 36. 41. VII. XIX.
Adler-Orden, schwarzer . . . . 44. XXIV.
Aehren . . . . 46. 47. XXXIII.
Ahnentafel . . . . 24. 48. XXXIV.
Ahnenwappen . . . . . . 11. 24. XXXIV.
Alliance-Wappen, siehe Heiraths-Wappen.
Amman, Jost . . 33. 35. 38. 40. 41. III.
  VI—X. XX. XXI.
Amsel . . . . 37. X.
Andlau, L. von . . . . 40. XVII.
Andreaskreuz . . . . 44. XXIV.
Andreas-Orden . . . . 44. XXIV.
Angelhaken . . . . 37. IX.
Anker . . . . 21. 47. XXXIII.
Annunciaten-Orden . . . . . . 44. XXIV.
Arm . . . . . . 38. 40. 41. X. XVIII. XXI.
Aschfarbe . . . . 7. 37. X.
Aufgerichtet . . . . 6. 34. V.
Aufreissen . . . . 2.

B.

Bär . 33. 36. 44. 48. III. VII. XXVII. XXXIII.
Balken . . . . 12. 34. V.
Bamberg, Bisthum . . . . 44. XXV.
Banner . . . . 23. 44. XXV.
Bannerträger . . . . 45. XXVII.
Barack, K. A. . . . . 5.
Barbe . . . . 34. 46. V. VIII. XXXII.
Bardeleben, Joh. von . . . . . 40. XVI.
Basilisk . . . . 36. IX.
Baum . . . . 8. 47.
Baumstamm 37. 41. 46. 47. X. XXI. XXXII.
  XXXIII.
Baumstumpf . . . . 36. VIII.
Bayern . . . . 33. 44. 45. IV. XXV. XXX.
Behartet . . . . 46. XXXIII.
Begleitet von . . . . 6. 34. V.
Beham, Hans Sebald . . . . . 43. XXIV.
Behem, Franz . . . . 36. VIII.
Beil . . . . 37. IX.
Belegt mit . . . . 6. 34. V.
Bercha, Graf Dietrich . . . . 15.
Berg . . . . 14. 34. V.
Berghes, de . . . . 33. III.
Berlepsch, Freifrau von . . . . 45. XXIX.
Berlin, Reichshauptstadt . . . 48. XXXIII.
Bern, Stadt . . . . 45. XXVII.
Bernd, Samuel . . . . 2.
Berschin, Nicol . . . . 37. X.
Besaamt . . . . 47. XXXIII.
Besät . . . . 6. 34. 46. V. XXXIII.
Beseitet . . . . 6. 34. V.
Besetzt . . . . 34. V.
Bestockt . . . . 6. 34.
Bestreut . . . . 6. 34.
Bewehrt . . . . 6. 34. VII.

Bewinkelt . . . . 40. XXXIII.
Biene . . . . 36. VIII.
Bildniss-Siegel . . . 47. 48. XXXV. XXXVI.
Birkenrinde-Siegel . . . . 20.
Bischofshut . . . . 21. 43. XXIV.
Bischofsmütze . . . . . . 5. 21. 43. XXIV.
Bischofsstab . . . . 21. 35. VII.
Bismarck, von . . . . 34. V.
Blasien, St., Abt von . . 41. 43. XXIV.
Blasonirung . . . . 6. 46. XXXII.
Blattkrone, s. Helmkrone . . . 43. XXIII.
Blau . . . . 7. 37. X.
Blitz . . . . 13. 37. IX.
Bock . . . . 32. 36. III. VII.
Böckle, Theodor . . . . 36. VII.
Böhmen, König Wenzel II. von, . . . 9.
Bohlen, Jul., Freiherr von . 46. XXXII.
Boineburg, von . . . 33. 49. IV. XXVII.
Bord . . . . 35. V.
Borel d'Hauterive, A. . . . 47. XXXIII.
Brücke . . . . 36. 41. VIII. XXXVI.
Brackenkopf . . . . 41. XIX.
Brandenburg, Markgraf Otto von 40. XVI.
Brandis, von . . . . 45. XXVIII.
Braun . . . . 7. 37. X.
Braunschweig, Herzog Ludw. Rudolf von
  . . . . 32.
  — Wappen der Herzöge von
  . . . . 32. 11.
Brodteig-Abdrücke . . . . 27.
Brücken-Fock, Frau Anna von 46. XXXII.
Brücken-Fock, Bento von . . 47. XXXIII.
Brühl, Bertha, Gräfin von . . 45. XXIX.
Brunfels, Otto . . . . 40. XVII.
Buchenzweig . . . . 49. XXXV.
Büffel . . . . 36. VII.
Büffelhörner . . 19. 39. 40. 45. XV. XXXI.
Büffelkopf . 36. 40. 47. VII. XVIII. XXXIII.
Bülow, von . . . . 46. XXXII.
Burgau . . . . 40. XVI.
Burgkmair, Hans 32. 35. 40. II. VI. XXII.
Burgunderhelm . . . . 15. 17. 33. IV.
Busch . . . . 34. V.
Butzen . . . . 36. IX.

C.

Canstein, Ernst Raban, Freiherr von 46.
  XXXIII.
Cardinalshut . . . . . . 21. 43. XXIV.
Cartouche . . . . 10. 32. 33. III.
Ceremonienhelm . . . . IV. XIV.
Clericus, Ludwig . . . . . . 47. XXXIII.
Cleve, Herzog von . . . . . . 40. XVIII.
Coerden . . . . 8.
Cöln, Stadt . . . . 37. V.
Colombière, Vulson de la . . . . . . 8.
Crenneville, Graf Folliot de . 45. XXIX.
Cri de guerre . . . . . . 23. 47. XXXIII.

D.

Dalberg, von . . . . 33. 40. IV. XVI.
Damascirung, siehe Musterung.

Decken, von der . . . . . . 46. XXXII.
Deutsch, Nicol, Manuel . . . 44. XXV.
Deutscher Schild . . . . 10.
Deutsche Kaiserkrone von 1493 . 42. XXIII.
Deutsches Reichswappen, Kaiser . 32. 35. 43.
  II. VI. VII. XXVII.
Deutsches Reichswappen, Kronprinz . . 47.
  XXXV.
Deutschordenskreuz . . . . 44. XXIV. XXV.
Devisen . . . . 1. 23. 49. XXXVI.
Doepler d. J., Emil . . . . . Titelblatt.
Doppeladler . . 14. 36. 46. 49. IX. XXIII.
  XXXIII. XXXVI.
Drache . . . . . . 14. 36. 41. IX. XXI.
Dreiberg . . . . 38. X.
Dreieckschild . . . . 9. 32. I. II.
Dürer, Albrecht 32. 33. 36. 37. 40. VI bis
  IX. X. XXII.
Durchsteckt . . . . 34. V.

E.

Eberkopf . . . . 36. VII.
Edeldame . 45. 48. XXIX. XXXI. XXXVI.
Edelknabe . . . . 49. XXXVI.
Ehrenlegion, Orden der . . . . 44. XXIV.
Eichblatt . . . . . 34. 46. 47. V. XXXII.
Eiche . . . . 13.
Eichelberg, Graf Egeno von . . . 8. IX.
Eichenstaude . . . . 36. IX.
Einhorn . . . . 14. 32. 36. II. IX.
Einpfropfung . . . . 12.
Eisenfarbe . . . . 7. 37. X.
Eisenhoven, Conr. von 40. 44. XVII. XXV.
Elephant . . . . 8.
Elephantenorden . . . . . . 21. 44. XXIV.
Elsass-Lothringen, Reichslande . 44. XXIV.
Engel . . . . 45. 49. XXIX. XXXII. XXXVI.
Enzberg, Conrad von . . . . 9.
Erlauchtkrone . . . . 42. XXIII.
Erzbischofshut . . . . 21. 43. XXIV.
Erzherzogshut . . . . 42. XXIII.
Eschenbach, Wolfram von . . . . 11.

F.

Fahne . . . . 1. 23. 44. XXV.
Fahnenstock . . . . 23. 24.
Falke . . . . 36.
Farben . . . . 7. 37. X.
Farbenzeichnung . . . . 8. 37. X.
Federn, Federbüsche . . . . 19. 40. XVII.
Federköcher . . . . 41.
Feh . . . . 7. 34. 37. V. X.
Fehwammen . . . . 7. 47. XXXIII.
Feldmarschallstab . . . . . 21. 47. XXXV.
Feldruf . . . . 23. 48. XXXIII.
Felsen . . . . 37. IX.
Flagge . . . . 24.
Flandern, Graf Robert von . . . . 12.
Flügel . . . . 19.
Flug, offener und geschlossener . 19. 32. 40.
  II. XVI.

7*

Flugbereit . . . . 36. VIII.
Fluss . . . . 14. 35. V.
Foucault del Conti Daugnon, F. . . 47. XXXIII.
Franzenshuld, Ernst Hartmann von 47. XXXIII.
Frauenrumpf . . . . 41. XX.
Freiburg, Grafen Conr. und Berthold 22.
Freiherrenkrone . . . . . 20, 31. 42. XXIII.
Freiviertel . . . . 47. XXXIII.
Frey von Guttingen . . . . . 46. XVIII.
Freyburg, Graf Egon von . . . . . 19.
Fuchs . . . . 36. VII.
Füllhorn . . . . 46. XXXII.
Fürstenberg, Wilh. Ernst, Fürst von 33. IV.
Fürstenhut . . . . 21. 42. XXIII.

G.

Gaucelin von Lunel, Ratmund . . 10.
Gebildet . . . . 36. IX.
Gegenhermelin . . . . 7. 37. X.
Geierkopf . . . . 41. XXI.
Geistliche, deren Wappen . . . 5. 42. XXIV.
Gelatineformen . . . . 28.
Gelb . . . . 7. 37.
Gelehrter Schild . . . . 38. X.
Gemeine Figuren . . 12. 35. VI—IX.
Gerautet . . . . 35. V.
Gerbel-Embach, Nicol. von 47. XXXIII.
Geschacht . . . . 12. 34. 47. V. XXXII.
Gesenkt . . . . 46. XXXIII.
Gespaltener Schild . . . 12. 34. 35. V.
Gestuckt . . . . 35. V.
Gestürzt . . . . 11. 34. V.
Getheilter Schild . . 12. 34. 46. V. XXXII.
Gevierteter Schild 11. 12. 34. 45. V. XXXII.
Geweckt . . . . 35. 44. XXV.
Gewürfelt . . . . 34.
Gezaddelt . . . . 19.
Giech, Graf von . . . . . 49. XXXVI.
Glevenkreuz . . . . 47. XXXIII.
Goeckingk, Herm. von . 34. 45. 47. V. XXVIII. XXXIII.
Gold . . . . 7. 37. X.
Goldast . . . . 37. 41. X. XX.
Grafenkrone . . . . 20. 42. XXIII.
Grass, C. A. W., Freiherr von 47. XXXIII.
Greif . . . 12. 32. 36. 41. 45. 46. I, IX, X. XXX. XXXIII.
Greif, in Fischschwanz endend . 47. XXXV
Grenser, Alfred . . . . . 13. 48. XXXV.
Grevismühlen, Stadt . . . . . 36. VII.
Gritzner, Max . . . . . . 46. XXXII.
Grossbritannien und Irland. 44. XXXII.
Grossherzogliche Krone . . 20, 42. XXIII.
Grün . . . . 7. 37. X.
Grünenberg, Conr. von 31. 32. 35. 37. 40. I. VI—IX. X. XVII.
Guttapercbaformen . . . . 27.
Gypsformen . . . . 26.

H.

Hahn . . . 36. 40. 45. VIII. XVIII. XXVII. XXXII.
Hahnenfedern . . . . 40. XVII.
Hake, von . . . . 33. IV.
Halbgetheilt . . . . 34. V.
Hallwill, Hartmann von . . . . 21.
Halsband (Stachel-) . . . . . 36. VIII.
Halskleinod . . 17. 39—41. 48. XV—XXI.
Handschelle . . . . 47. XXXII.
Harfe . . . . 45. XXXII.
Harpye, s. Jungfernadler . . . . . 36.
Hase . . . . 34. V.
Hauptschild . . . . . . 11. 46. XXXII.
Hausanker . . . . 37. IX.
Hausenblase-Siegel . . . . 29.
Hausmarken . . . .
Hefner, Dr., O. T. von . . . . 40. XXXVI.
Heiliger Grab-Orden . . . . . 43. XXV.
Heiraths-Wappen . . . 4. 32. 45. XXXII.

Helm . . . . 1. 3. 15. 17. 38. XI—XIV.
Helmdecke . . 1. 19. 33. 30. IV. XV—XXI.
Helmkleinod . . 1. 3. 17. 18. 39. XV—XXI.
Helmkleinod des deutschen Kaisers 42. XXII.
— des Königs v. Preussen 42. XXII.
Helmkrone 18. 39—41. 43. XV—XXI. XXIII.
Helmschmuck, s. Helmkleinod.
Helmsiegel . . . . 17. 48. XXXV.
Helmzeichen, s. Helmkleinod.
Helmzier, s. Helmkleinod.
Henne . . . . 34. V.
Henneberg, Graf von . . . . 14. 34. V.
Heraldik . . . . 1. 2.
Hermelin . . . . 7. 37. X.
Hermelinbord . . . . 47. XXXIII.
Herold . . . . . . Titelbl. 1. 46. 48. XXXIII.
Heroldsstücke . . . . 12. 34. V.
Hertzhalner, Hans . . . . . 48. XXXV.
Hervorbrechend . . . . . . 6. 34. V.
Hervorgehend . . . . 34.
Herz . . . . 34. 46. V. XXXII.
Herzogliche Krone . . . . 20.
Herzogshut . . . . XXIII.
Herrschild . . . . . . 11. 46. XXXIII.
Herrschildchen . . . . . . 47. XXXIII.
Heyer von Rosenfeld, Fidr. 47. XXXIII.
Hildebrandt, Adolf M. . . . 47. XXXIII.
Hirsch . 8. 36. 45. 47. VII. XXVIII. XXXIII.
Hirschhörner . . . . 44. XXV.
Hochstetten, Heinrich von . . . . 22.
Hohenlohe, Graf von . . 25. 45. XXVII.
Hohenlohe-Waldenburg, Fdr. Karl, Fürst zu 46. XXXII.
Holtzschuher, von . . . . 33. IV.
Hopfer, Hieronymus . . . . . . 35. VI.
Hosenbandorden . . . . . 21. 44. XXV.
Huverden, Herm., Graf von 47. XXXIII.
Hradisch, Stadt . . . . . . 49. XXXV.
Hülfskleinod, s. Helmkrone. Wulst.
Hüte . . . . 1. 21. 41. 43. XXI.
Hut-Fch . . . . 46. XXXIII.

J.

Imhof . . . . 36. IX.
Inful . . . . 5. 43. XXIV.
Infusorienerde, Abformen in . . . . 27.
Ingolstadt, Historischer Verein 49. XXXVI.
Johanniterorden . . . . 44. XXIV.
Judenkopf . . . . 47. XXXIII.
Jungfernadler . . . . 14. 36. IX.

K.

Kärnthen . . . . 39. XV.
Kaiserkrone von Oesterreich . . 42. XXIII.
— von 1485 . . . . 42. XXIII.
Kammrad . . . . . 37. 47. IX. XXXIII.
Karabacek, Professor Dr. . . . . 2.
Katze . . . . . . 36. 40. VIII. XVIII.
Katzmayr . . . . 40. XVIII.
Kayser . . . . 45. 46. XXXII.
Kesselhaken . . . . 46. XXXII.
Kesselhaube . . . . 15.
Kette . . . . 47. XXXIII.
Kirchenfahne . . . . 44. XXV.
Kleeblatt . . . . 34. 37. 47. V. X, XXXII.
Kleeblattstengel . . . . 19. 35. VII.
Klingspor, Karl Arvid von 47. XXXIII.
Knöringen, von . . . . . . 38. X.
Köhne, Bernh., Freiherr von 47. XXXII.
König, Freiherr von . . . . . 34. V.
Königshelm . . . . 17. 39. XIV.
Königskrone . . . . . 20, 42. 43. XXIII.
König-Warthausen, Elise, Frem 47. 49. XXXIII. XXXVI.
Komet . . . . 43. XXIV.
Kranich . . . . 36. VIII.
Krebs . . . . 36. VIII.
Kremsmünster, Abt Anton II. . 33. IV.
Kress, von . . . . 37. X.
Kreuz . . . . 21. 47. XXXIII.
Kreuz, gezahntes . . . . . 46. XXXIII.
Krone . . . . 34. V.

Krone des römisch-deutschen Kaisers 42. XXIII.
— des deutschen Kaisers, s. Reichskrone.
— der deutschen Kaiserin . . 41. XXII.
— des Kronprinzen des deutschen Reichs 41. XXII.
— des Königs von Ungarn . 42. XXIII.
— des böhmischen Königs . . 42. XXIII.
— der Grossherzöge . . . . 42. XXIII.
Krückenkreuz . . . . . . 44. XXV.
Krummstab . . . . 43. XXIV.
Krzyzanowski, Stanisl. von 46. XXXIII.
Kübelhelm . . . . . . 15. 38. XI. XII.
Künstlerfahne . . . . . . 44. XXV.
Künstlerwappen, französisches . . 33. IV.
Kürsch, siehe Fehwammen . . . 37. X.
Kugel . . . . 36. 45. 47. XXXII.
Kunstsprache, heraldische . . 6. 34. V.
Kurfürstenhut . . . . . 21. 42. XXIII.
Kurtz, Karl . . . . 49. XXXVI.

L.

Lack-Siegel . . . . 28.
Lamm . . . . 47. XXXIII.
Landsperg, Herrad von . . 15. 31. I.
Lanze zum Turnier . . . . 16.
Laroche, Freiherr von . . . . 34. V.
Latz . . . . 34. V.
Laubkrone . . . . . . 20. 42. XXIII.
Lautrec-Toulouse, Gräfin von 49. XXXVI.
Ledebur, Freiherr von . . 47. 49. XXXVI. XXXVI.
Leiste . . . . 12. 34.
Leiter . . . . 45. 46. XXXII. XXXIII.
Leiterberg, Dekan, Ortolf von . . . 2.
Lendner . . . . 16.
Leonrod, von . . . . . . 39. XV.
Leopard 12. 32. 34. 35. 41. 45. 46. I. V. VI. XIX. XXVII. XXXIII.
Leopardenköpfe . . . . . . 32. II.
Lichnowski, Fürst . . . . 49. XXXVI.
Liebesseil . . 46. 48. XXXII. XXXVI.
Lilie 13. 32. 34. 36. 38. 46. 47. II. V. IX. X. XXXII.
Lilienbord . . . . 45. XXXII.
Lindau am Bodensee, Stadt . . 36. IX.
Linde . . . . 13. 32. 36. III. IX.
Lindenzweig . . . . 19.
Lindtmair, Daniel 33. 36. 37. III. VII. X.
Lindwurm . . . . 14. 36. IX.
Linstow, Hugo, Freiherr von 47. XXXIII.
Livrée, Farben der . . . . 8.
Lobkowitz, Prinzessin von . 45. XXIX.
Löffelholz von Kolberg, Eugen, Freiherr 40. 47. XVI. XXXIII.
Löwe 12. 20. 31—35. 41. 43—46. 49. I—VI. XIX. XXV. XXX. XXXI. XXXII. XXXIII. XXXVI.
Luchs . . . . 48. XXXVI.
Lüneburg, Frau Auguste von 46. XXXII.

M.

Mair, Paulus Hector . . . . 33. III.
Majuskelschrift . . . 24. 48. XXXIV.
Malteser-Orden . . . 44. 49. XXV. XXXVI.
Mann . . . . 41. XXI.
Manns-Löwe, sogen. . . . . . 38. X.
Maria, Mutter . . . . . . 49. XXXVI.
Marquiskrone . . . . . . 43. XXIII.
Maus . . . . 46. XXXIII.
Mauerkrone . . 43. 49. XXIII. XXXVI.
Mayer v. Mayerfels, Karl, Ritter 46. 48. 49. XXXIII. XXXV.
Mecken, Israel von . . . 41. XIX.
Meerweib (Melusine) . . 14. 47. XXXIII.
Meissen, Markgraf von . . 35. VI.
Menges, Frau Regina von Mayerfels, geborene 49. XXXVI.
Menschen, Gesichter und Hände derselben 8.
Metall-Abschläge . . . . 29.
Metalle, s. Tincturen.
Michaelis-Orden, St. . . . . 21.
Minuskelschrift . . . 24. 48. XXXIV.

53

Mitra . . . . 5.
Mittelschild . . . . 11. 46. XXXIII.
Mittelspitzen . . . . 47. XXXIII.
Mohrenkopf . . . . 48. XXXVI.
Mond . . . . 13. 37. 47. IX. XXXIII.
Monogramme . . . . 1.
Moreau, Phil. . . . . 23.
Morgenstern . . . . 38. X.
Motto . . . . 23.
München, conventus suevise. 49. XXXVI.
München, Verein für christliche Kunst 49. XXXVI.
Mützen . . . . 1. 21. 43. XXIV.
Muncifay, Stadt . . . . 49. XXXV.
Musterung . . . . 14. 37. X.

N.

Natürliche Farbe . . . . 7. 37. X.
Neindorff, von . . . . 47. XXXIII.
Neustetter, gen. Stürmer . . . 41. XXI.
Nimbus, beim Adler . . . . . 14. 35. VI.
Nordeck von Rabenau . . . . . 37. X.
Notariatszeichen . . . . 1.
Nürnberg, Stadt . . . . 32. II.

O.

Obereck . . . . 34. V.
Oblaten-Siegel . . . . 29.
Oesterreich . . J. 32. 40. 44. I. XVII. XVIII.
Oettingen, Martin, Graf von . 41. XIX.
Oeynhausen, Susanne, Gräfin von 45. 46. XXXII.
Oeynhausen, Julius, Graf von 46. XXXIII.
Oidtmann, E. A. von . . . 47. XXXIII.
Orden . . . . 1. 21. 44. XXIV.
Orth . . . . 35. V.
Ostein, Kurfürst von Mainz, Graf von 33. IV.

P.

Palmbaum . . . . 47. XXXIII.
Panther . . . 14. 32. 36. 44. I. IX. XXV.
Pantherkopf . . . . 41. XIX.
Pappenheim, Ludwig, Graf von . 49. XXXVI.
Pass . . . . 3. 48. XXXVI.
Patriarchenkreuz . . . . 43. XXIV.
Pausch, s. Wulst.
Pecci, Joachim . . . . 43. XXIV.
Pelikan . . . . 37. VIII.
Pelzwerk, s. Tincturen.
Pencz, G. . . . . 32. II.
Petra-Sancta, Sylvester à . . . . 2. 8.
Pettenegg, Gaston, Graf Pöttikh von 47. XXXIII.
Peyer v. Flaach . . . . 37. X.
Pfal . . 12. 34. 46. V. XXXII. XXXIII.
Pfalz-Neuburg, Prinzessin Anna von der 48. XXXIV.
Pfau . . . . 40. XVII.
Pfauenwedel . . . . 40. XVII.
Pfeil . . . . 36. 37. VII.
Pferd . . . . 34. 36. V. VIII.
Phlug (?), Hans. . . . . 23.
Pilgermuschel . . . . 47. XXXIII.
Pilgerstab . . . . 21.
Pölten, St., Stadt . . . . 35. VII.
Polen . . . . 35. VI.
Pommern, Herzog von . . . . 40. XVII.
Prachtstücke, heraldische . . 44. XXVII—XXXI.
Pranken des Löwen . . . . 12.
Pranckher, Helm derer von 38. 39. XI. XV.
Preussisches Wappen . . 35. 44. VII. XXV.
Prinsault, Clement . . . . 2.
Prittwitz und Gaffron, Hans von 44—47. XXIV. XXV. XXXIII.
Proillus, Frau von . . . . . 46. XXXII.
Protonotariatshut . . . . 43.
Purpur . . . . 7. 37. X.
Puttkamer, von . . . . . . 48. XXXV.

R.

Rabe . . 36. 46. 48. VIII. XXXIII. XXXV.
Rabe, Jacob . . . . 48. XXXV.
Rabenstein, von . . . . 41. XX.
Rabiel, Erich von, Propst . . . . . 18.
Rachenschnitt . . . . 37. IX.
Rangkronen . . . . 1. 20. 41. 43. XXIII.
Rang- und Würdezeichen 1. 20. 41. 42. XXIII. XXIV.
Rasen . . . . 34. V.
Rauch-Siegel . . . . 28.
Rautenkranz . . . . 43. XXV.
Rautenschild . . . . 10. 32. III.
Rautenschrägbalken . . . . . . 37. X.
Redend . . . . 6. 34. V.
Redern, Herrn. von . . . . 47. XXXIII.
Regenbogen . . . . 13. 37. IX.
Regensburg, Erzbischof von . 48. XXXVI.
Regina, die heilige . . . . . 49. XXXVI.
Reichsadler, deutscher . . 8. 44. VII. XXVI.
Reichsapfel . . . . 20. 35. VII.
Reichskrone, deutsche . . . . 41. XXII.
Reichssturmfahne . . . . . . 44. XXV.
Reiher . . . . 36.
Reitter, Martin . . . . 41. XXI.
Renaissance-Schild . . . . 33. III.
Rennfähnlein . . . . 41. XXI.
Retberg, Ralf von . . . . 45. XXVIII.
Rhein, Pfalzgraf Heinr. bei . . . 12.
Rieter . . . . 36. IX.
Rietstap, J. B. . . . . 47. XXXIII.
Ring . . . . 38. X.
Rink, Professor . . . . 9.
Ritter 41. 45. 48. XX. XXVII. XXXI. XXXIII.
Röcklsche Metallabgüsse . . . . . 29.
Römische Schrift . . . . . 47. XXXIV.
Rogendorff, von . . . . 32. 40. II. XV.
Roschach, von . . . . 40. XVII.
Rose. 8. 13. 34. 36. 46. 47. V. IX. XXXII. XXXIII.
Rosthelm . . . . 15. 39. XIV.
Roth . . . . 7. 37. X.
Roth von Schreckenstein, Freiherr . 49. XXXVI.
Rothan, Sebold . . . . . . 46. XXXII.
Rückschild . . . . 11. 45. XXXIII.
Rüde . . . . 36. VIII.
Russell, Lord Odo . . . . 47. XXXIII.

S.

Sachsen . . . . 44. 48. XXV. XXXIV.
Sachsen (Flügelknochen des Adlers) . 13. 19.
Säule . . . . 34. 47. V. XXXIII.
Sagan, Dorothea, Herzogin von 49. XXXVI.
Salade . . . . 15. 17. 39. XI.
Saurma-Jeltsch, Hugo, Freiherr von 47. XXXIII.
Saxoferrato, Bart. de . . . 1. 2. 24.
Scepter . . . 34. 46. 47. 48. V. XXXIII.
Schachowskoi, Fürstin von . 49. XXXVI.
Schach . . . . 12.
Schafscheere . . . . 44. XXV.
Scharfeneck, Heinr. von . . . . . 22.
Schattenfarbe . . . . 8.
Scheere . . . . 37. IX.
Schenck von Stauffenberg, Freiherr 49. XXXVI.
Scherenberg, Rudolf von . . 39. XIV.
Schild, der . . . . . 1. 3. 9. I—III.
— das . . . . 9.
— der unten abgerundete 10. 32. I—III.
— der unten zugespitzte . 10. 32. I.
Schildbeschlag . . . . 9.
Schildfessel . . . . 9.
Schildfuss . . . . 11. 34.
Schildhalter 1. 3. 22. 45. 48. XXVII. XXXI. XXXV. XXXVI.
Schildhaupt 11. 35. 37. 46. 47. V. X. XXXIII.
Schildtheilung . . . . . . 11. 45 XXXIII.
Schilfkolben . . . . 36. IX.
Schirmbrett . . . . 40. XVIII.
Schlange . . . . 36. VIII.
Schlesien, Herzog . . . . . . 35. VI.

Schlick, Freiherr Matth. von . . . 17.
Schlüssel . . . . . . 21. 37. 43. IX. XXIV.
Schmidhucker . . . . . . 38. 41. X. XIX.
Schnalle . . . . 36. VIII.
Schönberg, Bernhard von . 47. XXXIII.
Schönberg, Bischof Johann . . . . 25.
Schönberg, Burggraf Otto von . . . 2.
Schönborn, Graf von . . . . 33. IV.
Schoeppienberg, Eugen . 48. XXXIII.
Schongauer, gen. Schön, Martin 32. 35. II. VII.
Schoutheete de Tervarent, Chevalier de 47. XXXIII.
Schrägbalken . . . . 3. 35. V.
Schrägfluss . . . . 35. V.
Schräggetheilt . . . 34. 46. V. XXXIII.
Schraffirung . . . . 8. 37. X.
Schreitend . . . . 6. 34. 36. V.
Schriften . . . . 25. 48. XXXIV.
Schwaben, Herzog von . . . 40. XVII.
Schwan 32. 36. 40. 45. I. VIII. XVIII. XXVIII.
Schwanenorden . . . . 21.
Schwarz . . . . 7. 37. X.
Schwefel, Abformen in . . . . . . 27.
Schweisstuch (Sudarium) . . 43. XXIV.
Schwenkel . . . . 23. 44. XXV.
Schwert . . . . 21. 37. X.
Schwertgurtschnalle . . . . . 37. IX.
Schwing . . . . 46. XXXII.
Seckendorff, Curd, Graf von 48. XXXV.
Seeblatt . . . . 13. 36. 37. IX. X.
Seejungfer . . . . 36. IX.
Seelöwe . . . . 36. IX.
Senesrey, Ignatz von . . . 49. XXXVI.
Serbien . . . . 36. VII.
Seyler, Gust. Adalb. . . . 47. XXXIII.
Sibmacher, Hans . . . . . . 48. XXXIV.
Siegel . . . . . 1. 2. 48. 49. XXXV. XXXVI.
Siegelschnüre . . . . 7.
Silber . . . . 7. 37. X.
Sinkend . . . . 34. 37.
Sinnbilder . . . . 2. 23.
Sinnspruch . . . . . . 23. 48. XXXIII.
Sitzend . . . . 36. VIII.
Sonne . . . . 13. 37. 38. IX. X. XXXVI.
Spalt, am . . . . 37. IX.
Spangenberg, Cyriacus . . . . . . 2.
Spangenhelm . . . 16. 39. XV—XXI.
Spanheim, Graf Johann . . . . . 18.
Sparren . . . . 35. V.
Sperber . . . . 36. VIII.
Spitze . . . . . . 35. 46. V. XXXIII.
Sporn . . . . 47. XXXIII.
Spornrad . . . . 47. XXXIII.
Sphragistik . . . . 1.
Springend . . . . 6. 34. V.
Staab . . . . 34.
Stablius . . . . 32. 35. II. VI.
Stadtkrone . . . . 43. XXIII.
Ständer . . . . 35. V.
Stammbaum . . . . 24. 48.
Standarte . . . 23. 42. 48. XXII. XXXIII.
Stanniol-Abdrücke . . . . 27.
Starke, Georg . . . . . 47. XXXIII.
Starkloff, Herrn. von . . . 49. XXXVI.
Stechhelm . . . . . 16. 39. XI. XIII.
Stehend . . . . 6. 34. V.
Steigend . . . . 6. 34. 36. V. VIII.
Stein, von . . . . 39. XIV.
Steinbock, s. Bock . . . . 33. III.
Steinmetzzeichen . . . . 9.
Stern 13. 34. 37. 45. 47. V. IX. XXXII. XXXIII.
Stiel . . . . 8.
Stillfried, Graf von 46. 49. XXXIII. XXXVI.
Stocker . . . . 36. VIII.
Storch . . . . 36.
Stral . . . . 37. IX.
Strassius, Balth. . . . . . 36. 40. XVIII.
Strauss . . . . 36. 40. XVIII.
Straussfedern . 40. 45. 48. XVII. XXXIII.
Stromberg, Burggraf von . . 37. X.
Stubenberg, Anna von . . 20. 43. XXIII.
Stückung . . . . 9.
Stufengiebel . . . 35. 46. V. XXXIII.
Styl . . . . 3. 4.

T.

Tanne . . . . 13. 43. XXIV.
Tartsche . . . . 10. 32. I—II.
Taube . . . . 36. VIII.
Terminologie, s. Kunstsprache.
Tetzel . . . . 36. VIII.
Thüringen, Landgraf Conrad von 9. I. VI.
Thüringen, Landgraf Heinrich 10. II. VI.
Thurm . . . . 37. IX.
Thurn und Taxis, Fürst von 49. XXXVI.
Tiara . . . . 43. XXIV.
Tiele-Winckler, von . . . . 45. XXIX.
Tincturen, siehe Farben.
Törring, von . . . . 17.
Topfhelm . . . . 15. 38. XI.
Trient, Bischof Bernhard . . . 35. VI.
Turnierhelm . . . . 15. 38. XII.
Turnierkolben . . . . 16.
Turnierkragen . . . 12. 34. 45. V. XXXII.
Turnierlanze . . . . 16.

U.

Ueberzwerch . . . . 35. VI.
Ungebildet . . . . 37.
Untereck . . . . 34. V.

V.

Veringen, Graf Wolfrad d. J. von . 22.
Verwechselte Tincturen, siehe wechselnde Farben.

Vierpass . . . . 49. XXXVI.
Visir, im . . . . 36. 47. VII.
Visirhelm . . . . 39. XIV.
Vliess, Orden des goldenen 21. 44. 49. XXIV.
. . . . XXV.
Vogel Bülow . . . . 45. XXXII.
Volkmar (?), Joh. von . . . . . . 18.
Vortraghelm . . . . 39. XIV.

W.

Wachsend . . . . 6. 34. V.
Wachs-Siegel . . . . 28.
Waffen der Thiere . . . . 6. 8. 34. 35.
Wahlspruch . . . . . . 23. 47. XXXIII.
Waldburg, Hans Ernst, Graf von 33. IV.
Waldburg-Wurzach, Graf von . 33. IV.
Waldkleeblatt . . . . 37. X.
Wappenbeschreibung . . . 6. 46. XXXIII.
Wappenführung . . . . 1.
Wappenkunde . . . . 1.
Wappenkunst . . . . 1.
Wappenmäntel . . . . 1. 23. 49. XXXVI.
Wappensammlung, älteste . . . . . 1.
Wappensiegel . . . . 48. XXXV.
Wappenverleihung, erste . . . . . 1.
Wappenrock . . . . 46. XXXIII.
Wappenzelte . . . . . 1. 23. 48. XXXIII.
Warnecke, Curd . . . . . 48. XXXV.
Warnecke, Fritz 46. 52. Titelbl. XXXIII.
Wartensleben, von . . . . 34. V.
Warthausen, Michel von . . 40. XVIII.
Wasser . . . . 8. 37. IX.

Wasserburg, Stadt . . . . . . 35. VI.
Wechselnde Farben 6. 37. 38. 46. X. XXXIII.
Wecken . . . . 44. XXV.
Weintraube . . . . 37. IX.
Weiss . . . . 7. 37.
Weizenähren . . . . 45. XXXII.
Wellenbalken, siehe Fluss.
Welser . . . . 36. IX.
Wensine, Otto von . . . . 18.
Wilder Mann . . . . 48. XXXIII.
Windhund 36. 45. 49. VIII. XXVIII. XXXVI.
Windische Mark . . . . . 40. XVIII.
Witzleben, von . . . . 41. XXI.
Wohlgemuth, Michael . . . 44. XXV.
Wolf . . . . 34. 36. V. VII.
Wolf, Friedr. . . . . . . 49. XXXVI.
Wolfseisen . . . . 39. XIV.
Wolken . . . . 13. 37. IX.
Worms, Anton von . . . . . . 37. X.
Wülpenhover . . . . 41. XX.
Würdezeichen . . . . . 21. 41. XXIII.
Württemberg . . . . 44. XXV.
Wulst . . . . . . 18. 39—41. XV—XXI.

Z.

Zahlen . . . . 24. 47. XXXIV.
Zeltblom, Bartholomäus . . . 41. XX.
Zickzackbalken . . . . . . 47. XXXII.
Zimier, s. Helmkleinod.
Zingel . . . . 36. VII.
Zinnenthurm . . . . 34. 46. V. XXXIII.
Zitzewitz, Gustav von . . . 48. XXXIII.
Zollern, Graf Fritz der Oettinger von 10.

INHALT.

		Text Seite	Tafel.
A.	Bestimmung des Begriffes der Wappen	1	—
B.	Ursprung der Wappen und Entwickelung der Heraldik	2	—
C.	Ueber die Anwendung der Wappen	4	—
	Heraldische Gruppen (Heiraths-Wappen, Wappen der Geistlichen u. s. w.)	4	XXIX. XXXII. XXXVI.
D.	Kunstsprache und Beschreibung (Blasonirung) der Wappen	6	V. XXXIII.
E.	Die Farben (Tincturen) und die Farbenbezeichnung (Schraffirung)	7	X.
F.	Die Bestandtheile des Wappens:		
	Der Schild	9	I. bis IV.
	Allgemeine Regeln über den Schild	10	—
	Die Eintheilung des Schildes	11	—
	Die heraldischen Bilder	12	V. 14 bis 36, VI. bis IX.
	Die Musterung (Damascirung)	14	X.
	Der Helm	15	XI. bis XIV.
	Das Halskleinod	17	XV. bis XXI.
	Allgemeines über den Helm	17	—
	Das Helmkleinod	18	XV. bis XXII.
	Der Wulst	18	XV. bis XXI.
	Die Helmkrone	18	XV. bis XXI.
	Die Helmdecke	19	XV. bis XXI.
	Die Rang- und Würdezeichen:		
	Die Rangkronen	20	XXII. bis XXIII.
	Die Hüte und Mützen	21	XXIII. bis XXIV.
	Die Orden	21	XXIV. bis XXV.
	Die Feldmarschalls-, Bischofs- und Pilgerstäbe	21	XXIV. und XXXV.
	Die Schlüssel, Kreuze, Anker und Schwerter	21	XXIV. und XXXV.
	Die heraldischen Prachtstücke:		
	Die Schildhalter	22	XXVII. bis XXXI.
	Die Wappenmäntel und Wappenzelte	23	XXXIII. XXXVI.
	Die Devisen, Wahlsprüche u. s. w.	23	XXXIII. XXXVI.
	Die Fahnen, Banner und Standarten	23	XXV.
G.	Die Stammbäume und Ahnentafeln	24	XXXIV.
Anhang.	I. Das Schriftwesen	25	XXXIV. bis XXXVI.
	II. Anleitung zum Abformen und Abdrücken von Siegeln und Siegelstempeln	26	—
Erklärung der Abbildungen	31	—
Namen- und Sachregister	51	—

QUELLEN.

Amman, Jost, Stamm- und Wappenbuch, neu herausgegeben von F. Warnecke.
Archivalische Zeitschrift, III. Band.
Gritzner, M., Handbuch der heraldischen Terminologie.
Grote, Hermann, Geschichte des Königlich Preussischen Wappens.
v. Grünenberg, Ritter Conr., Wappenbuch, neu herausgegeben von Dr. R. G. Stillfried und Ad. M. Hildebrandt.
v. d. Hagen, F. H., Geschichte der Manesse'schen (Heidelberger Lieder-)Handschrift.
v. Hefner, Dr. O. T., Handbuch der theoretischen und praktischen Heraldik.
—, Altbayerische Heraldik.
v. Hefner-Alteneck, J. H., Trachten des christlichen Mittelalters.
Hildebrandt, Ad. M., Heraldisches Musterbuch.
—, Wappenfibel.
zu Hohenlohe-Waldenburg, Fürst Frdr. Karl, Sphragistische Aphorismen und sonstige heraldisch-sphragistische Werke dieses Verfassers.
Homeyer, Dr. C. G., Die Haus- und Hofmarken.
Jahrbuch der Genossenschaft der Graveure Wiens.
v. M., F. G., Der Pranckher Helm aus Stift Seckau.
v. Mayer, Dr. Carl, Ritter, Heraldisches A-B-C.
Mecklenburgische Jahrbücher, Band XV.
Michelsen, A. L. J., Die ältesten Wappenschilde der Landgrafen von Thüringen.
Milde, C. J., Die Siegel aus den Archiven der Stadt Lübeck.
Mitzschke, Paul, Naumburger Inschriften.
Müller und Mothes, Archäologisches Wörterbuch.
v. Sacken, Dr. E., Freiherr, Katechismus der Heraldik.
v. Sava, Karl, Die Siegel der österreichischen Regenten bis zu Kaiser Max I.
de Saxoferrato, Dr. Bartolus, Tractatus de insigniis et armis.
Seyler, Gust. A., Geschichte der Heraldik.
v. Stillfried, Dr. Rud., Graf, Die Titel und Wappen des Preussischen Königshauses.
— —, Die Attribute des neuen Deutschen Reiches.
Warnecke, F., Heraldische Kunstblätter.
—, Lucas Cranach d. Ä.
—, Die mittelalterlichen heraldischen Kampfschilde in der St. Elisabeth-Kirche zu Marburg.
—, Die deutschen Bucherzeichen (Ex-libris).
Weingartner Liederhandschrift, veröffentlicht von F. Pfeiffer und F. Fellner.
Zeitschriften der Vereine »Adler« zu Wien und »Herold« zu Berlin.
Zürich, Die Wappenrolle von

u. A.

Tafel I.

4.

1.

5.

6.

2.

7.

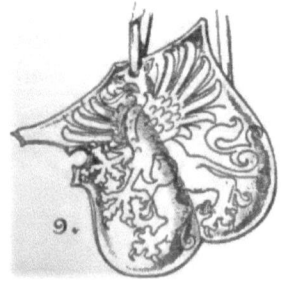
9.

8.

10.

Tafel II.

11.

14.

12.

15.

3.

16.

17.

18.

19.

Tafel III.

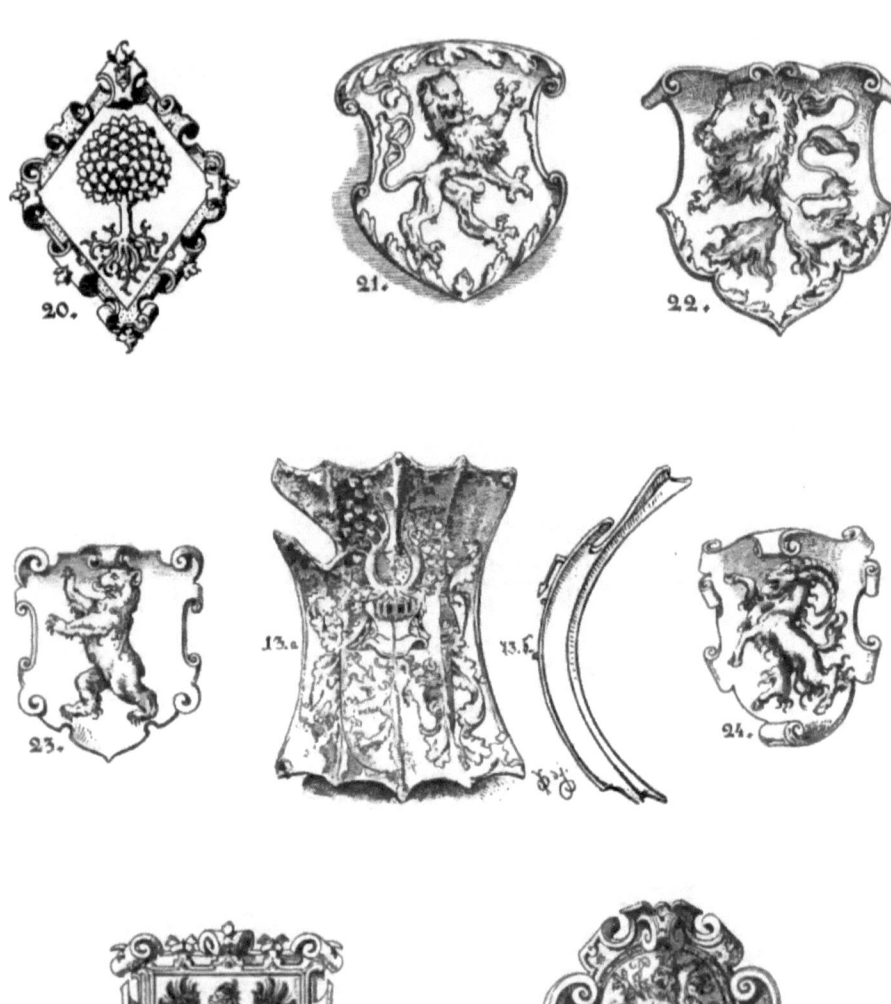

Tafel IV.

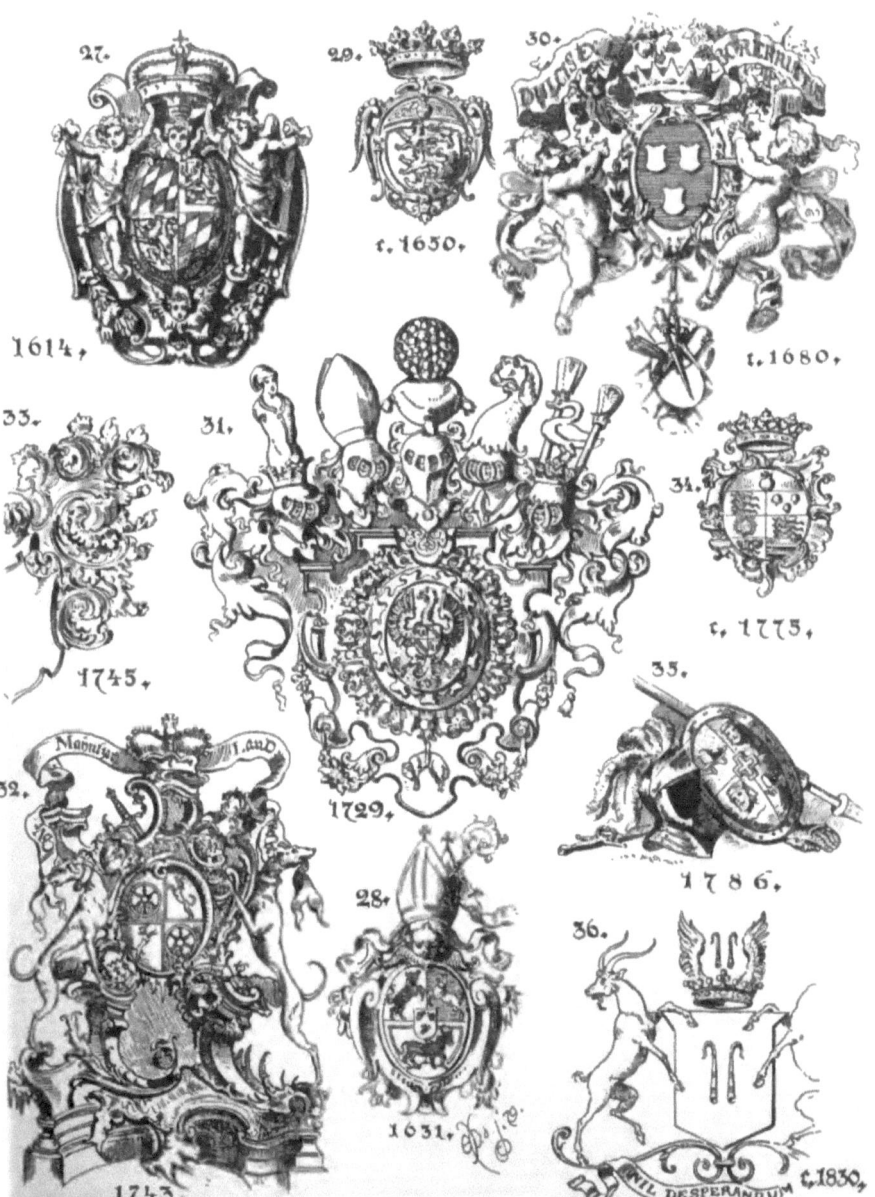

Tafel V.

Tafel VI.

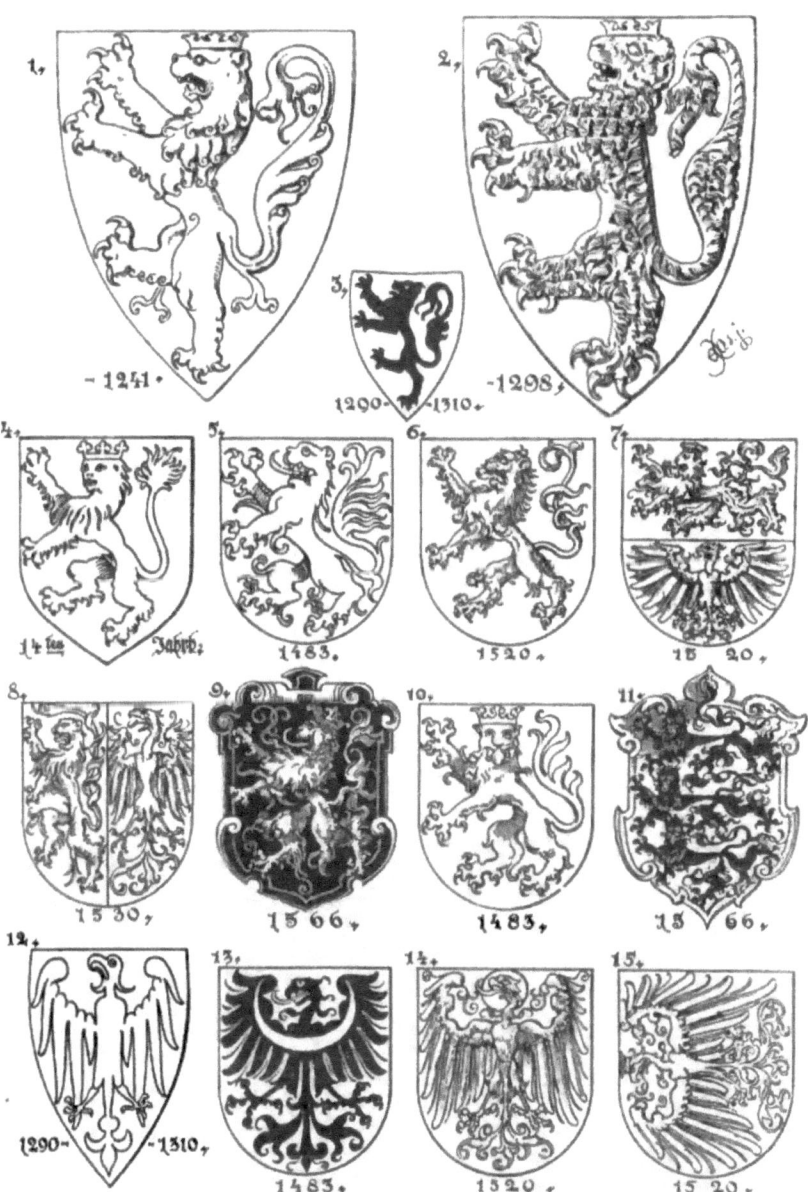

Tafel VII.

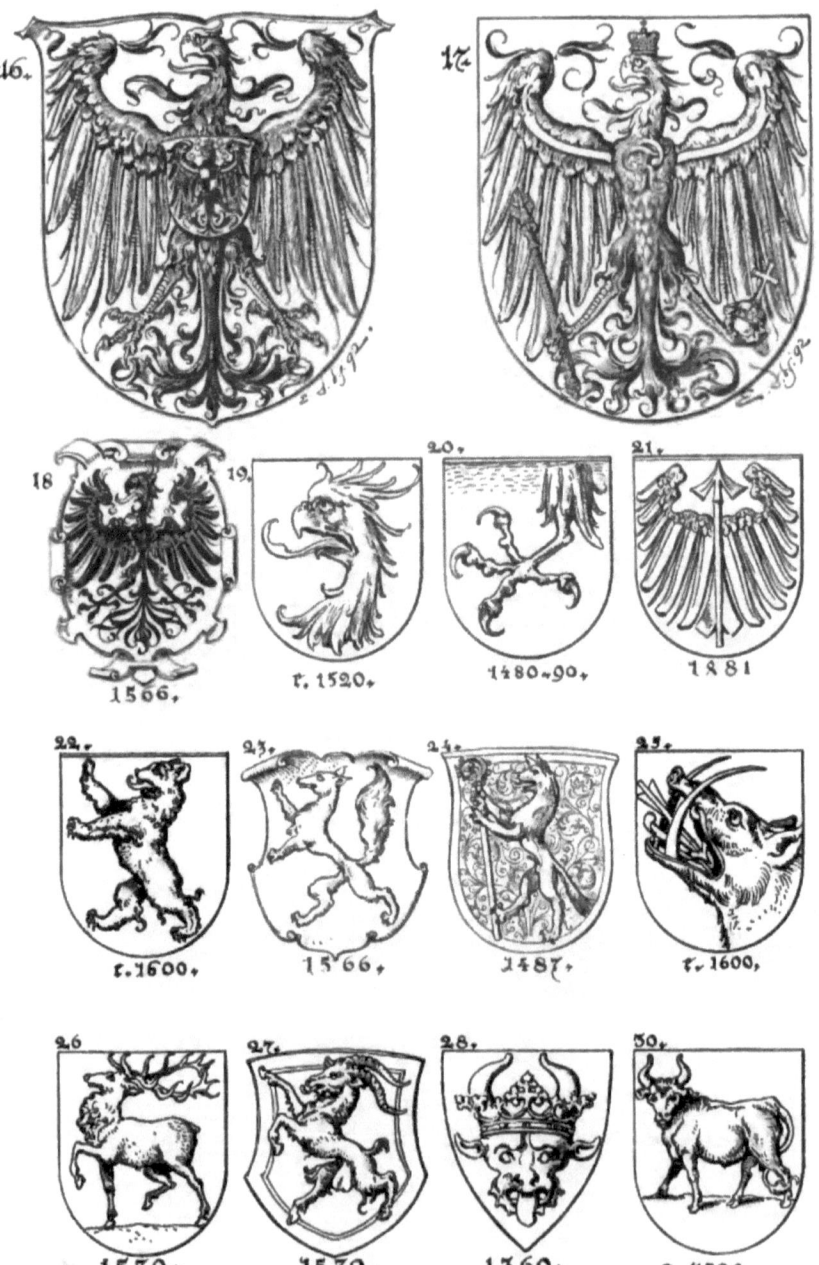

Tafel VIII.

Tafel IX.

Tafel X.

Tafel XI.

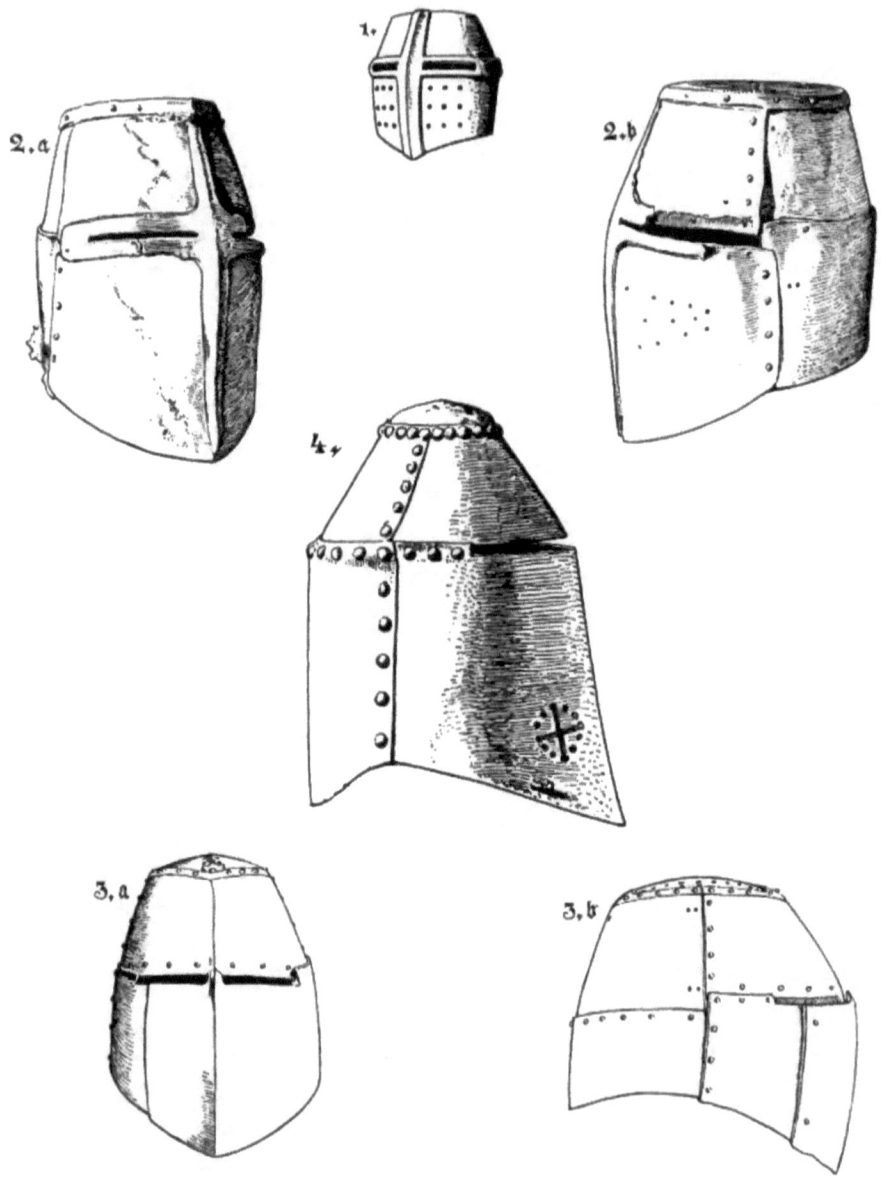

Tafel XII.

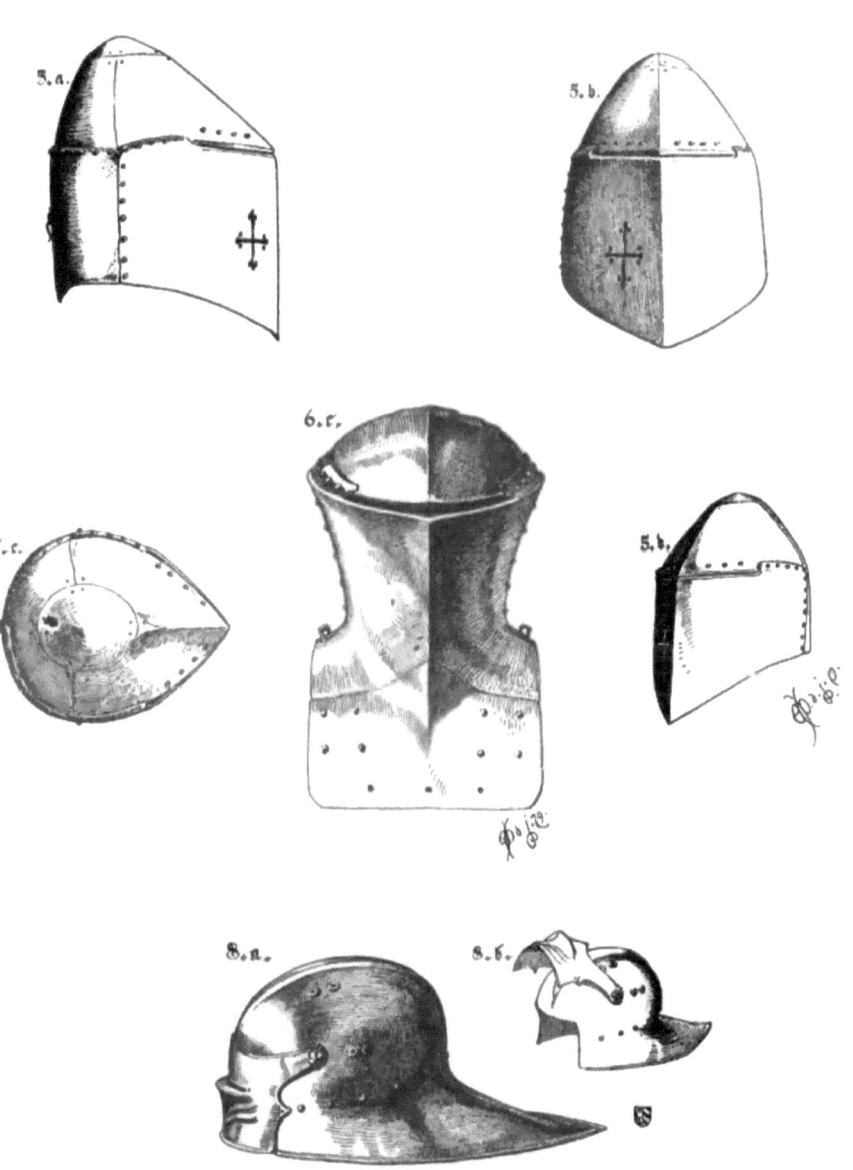

Tafel XIII.

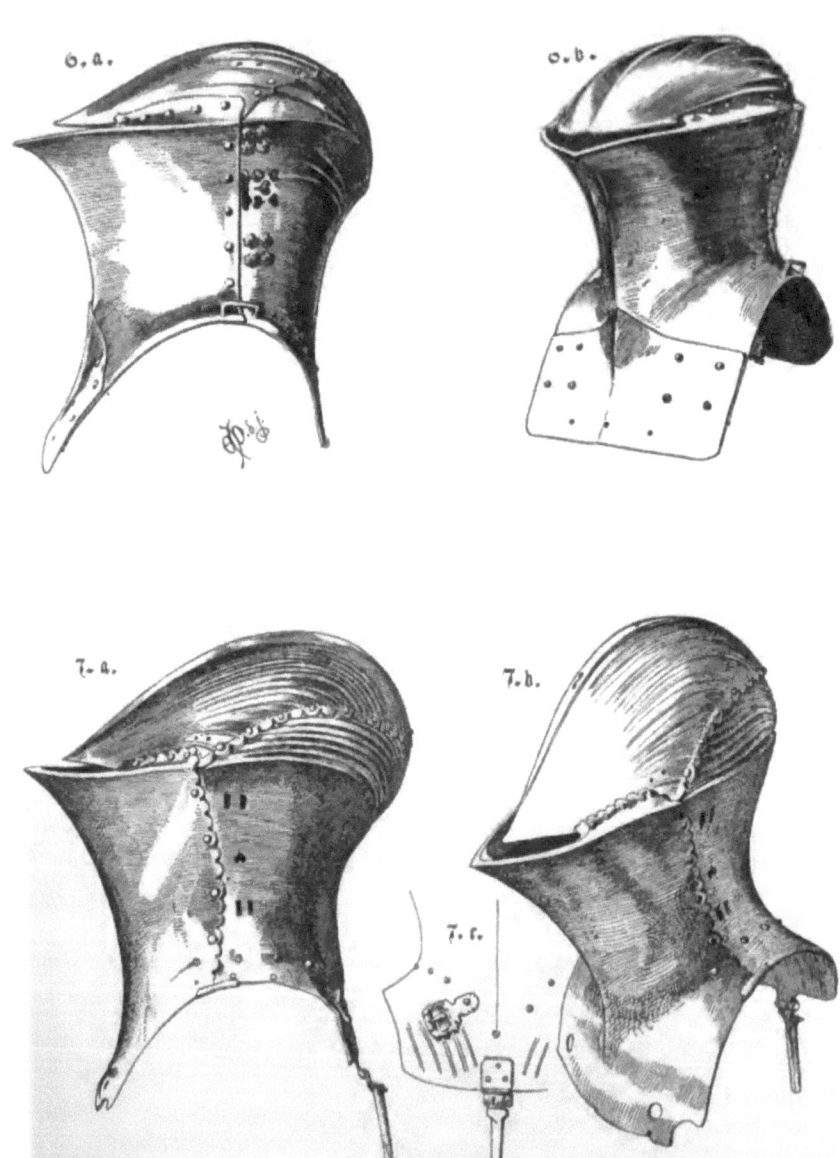

Tafel XIV.

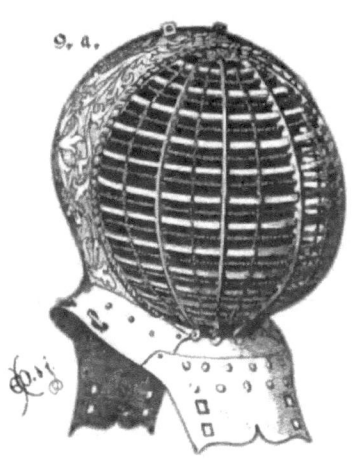

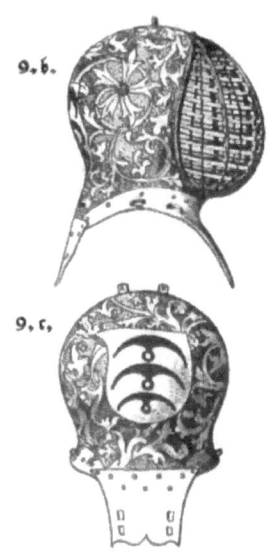

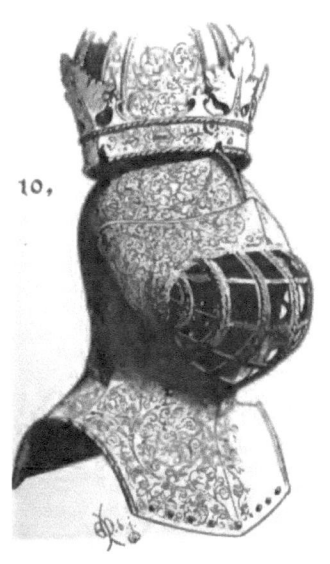

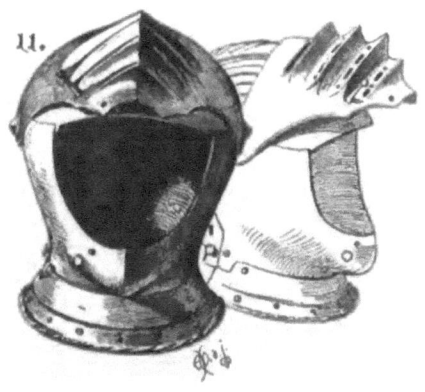

Tafel XV.

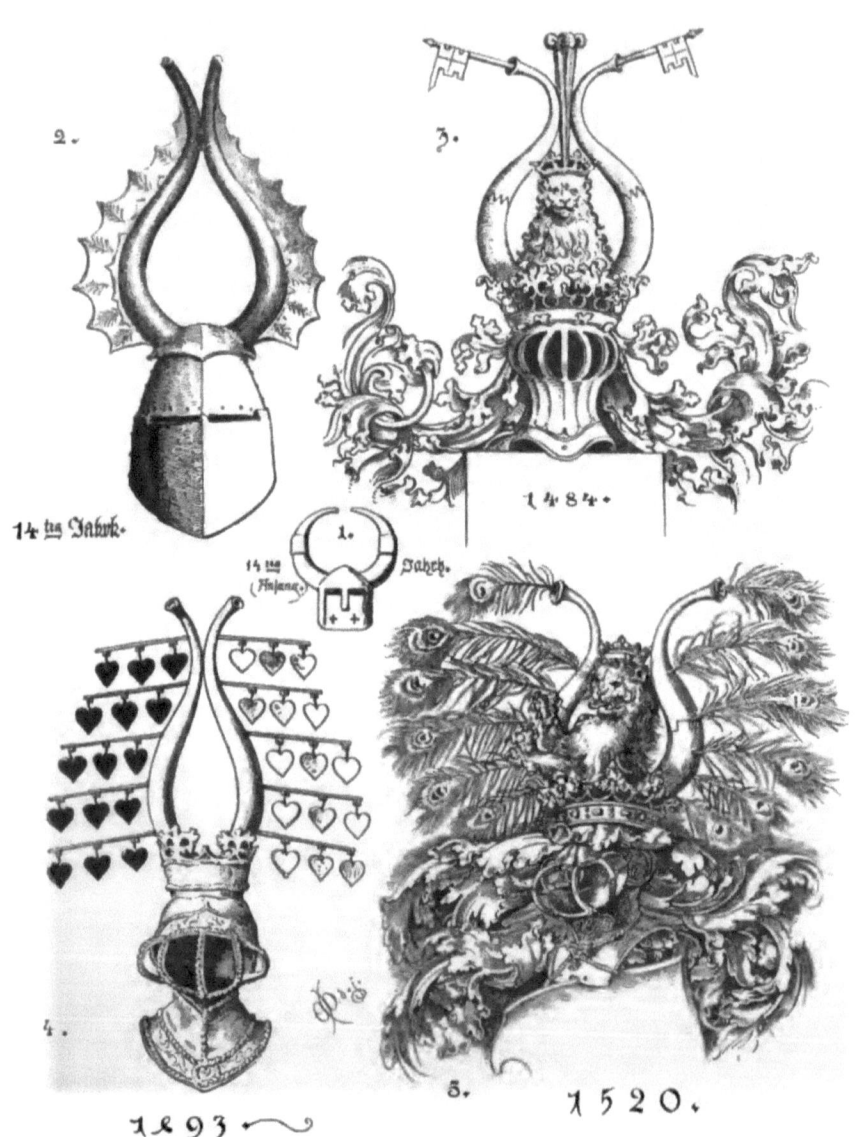

Tafel XVI.

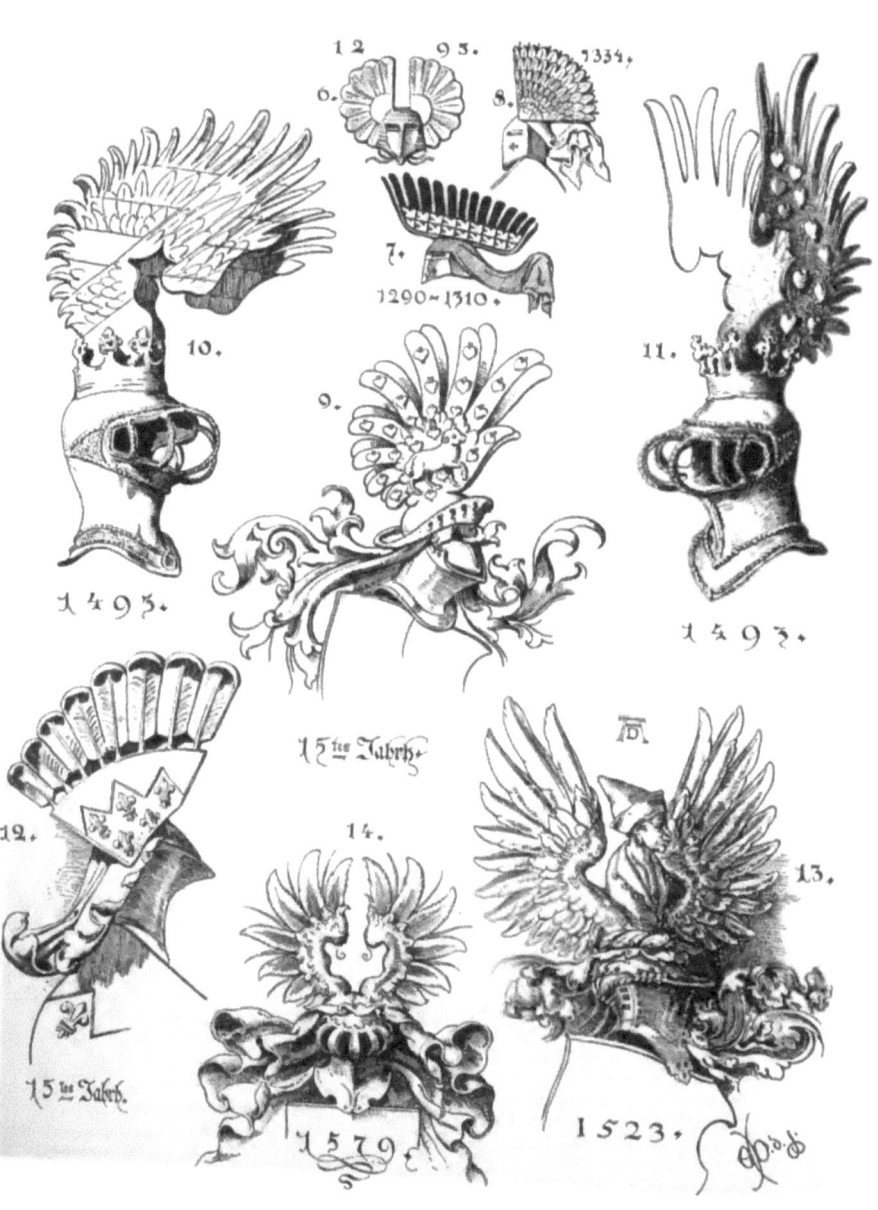

Tafel XVII.

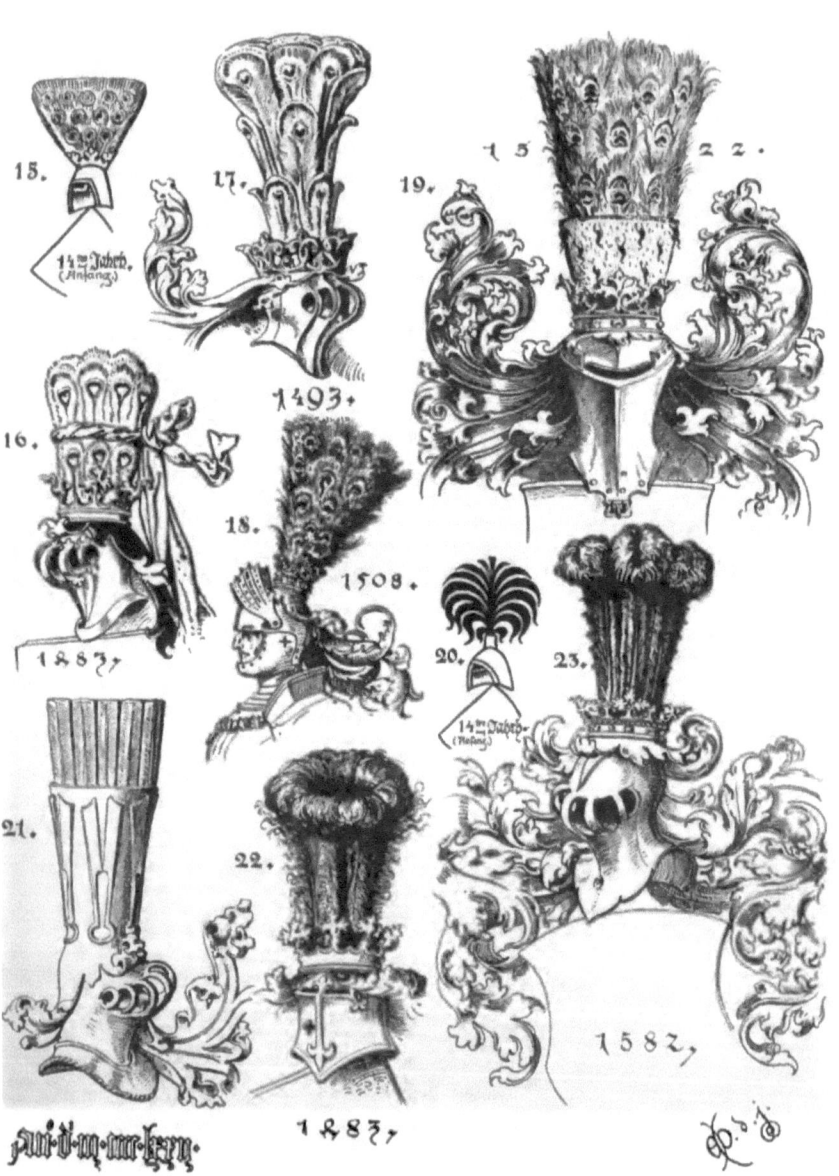

Tafel XVIII.

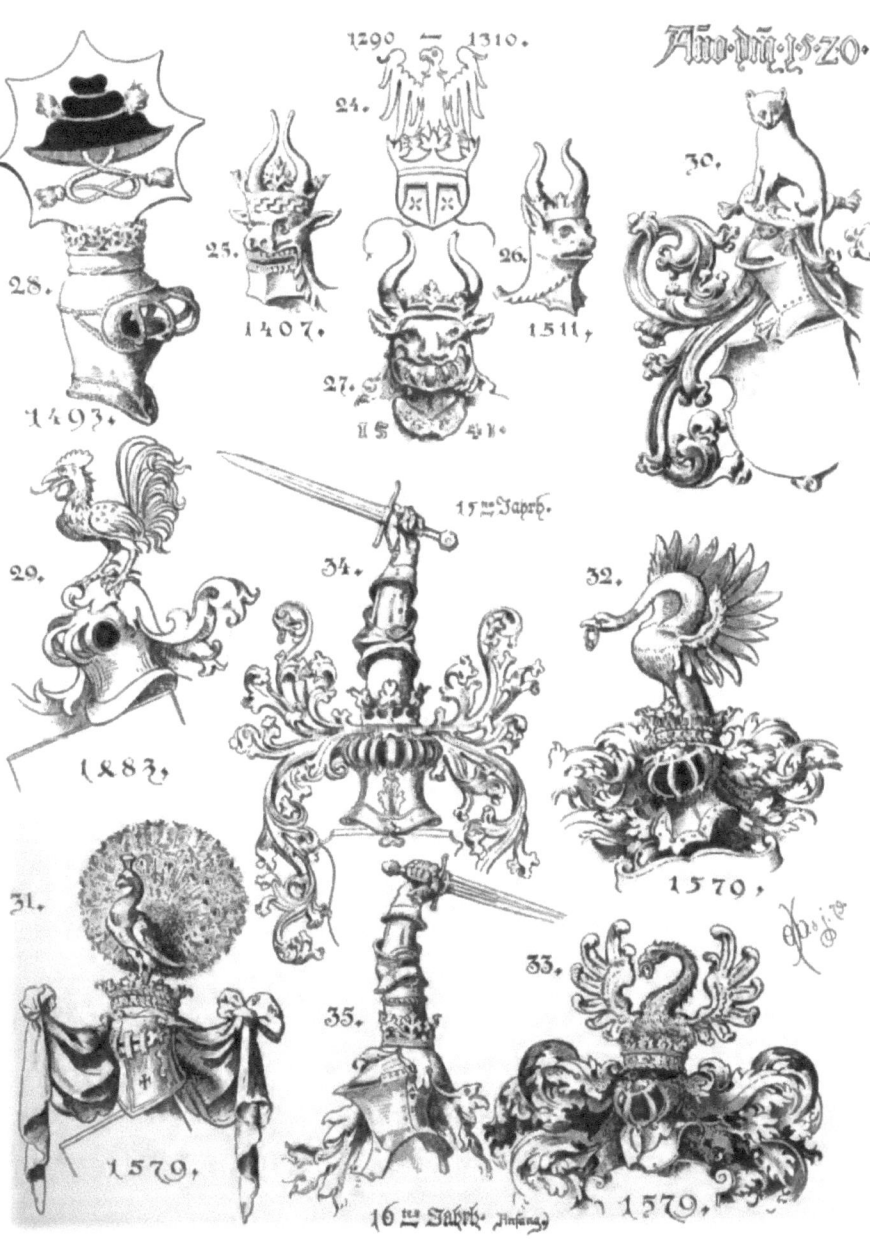

Tafel XIX.

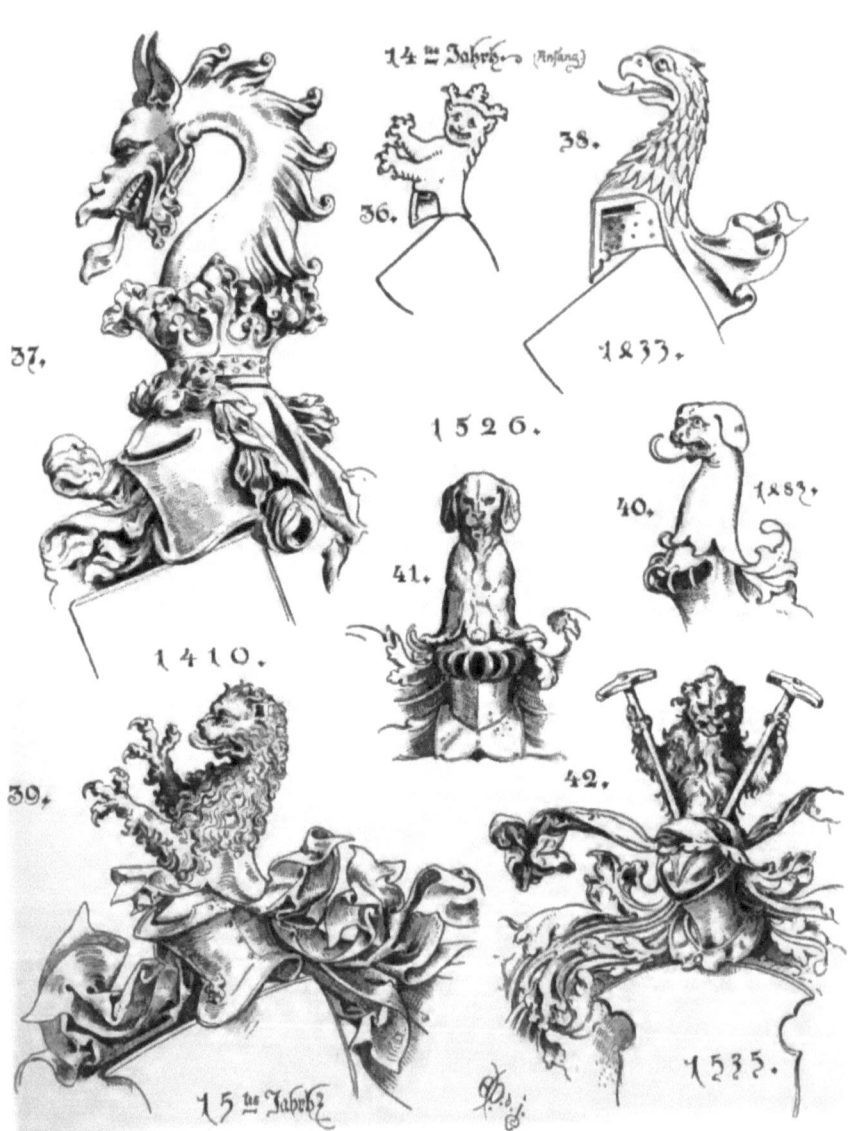

Tafel XX.

Tafel XXI.

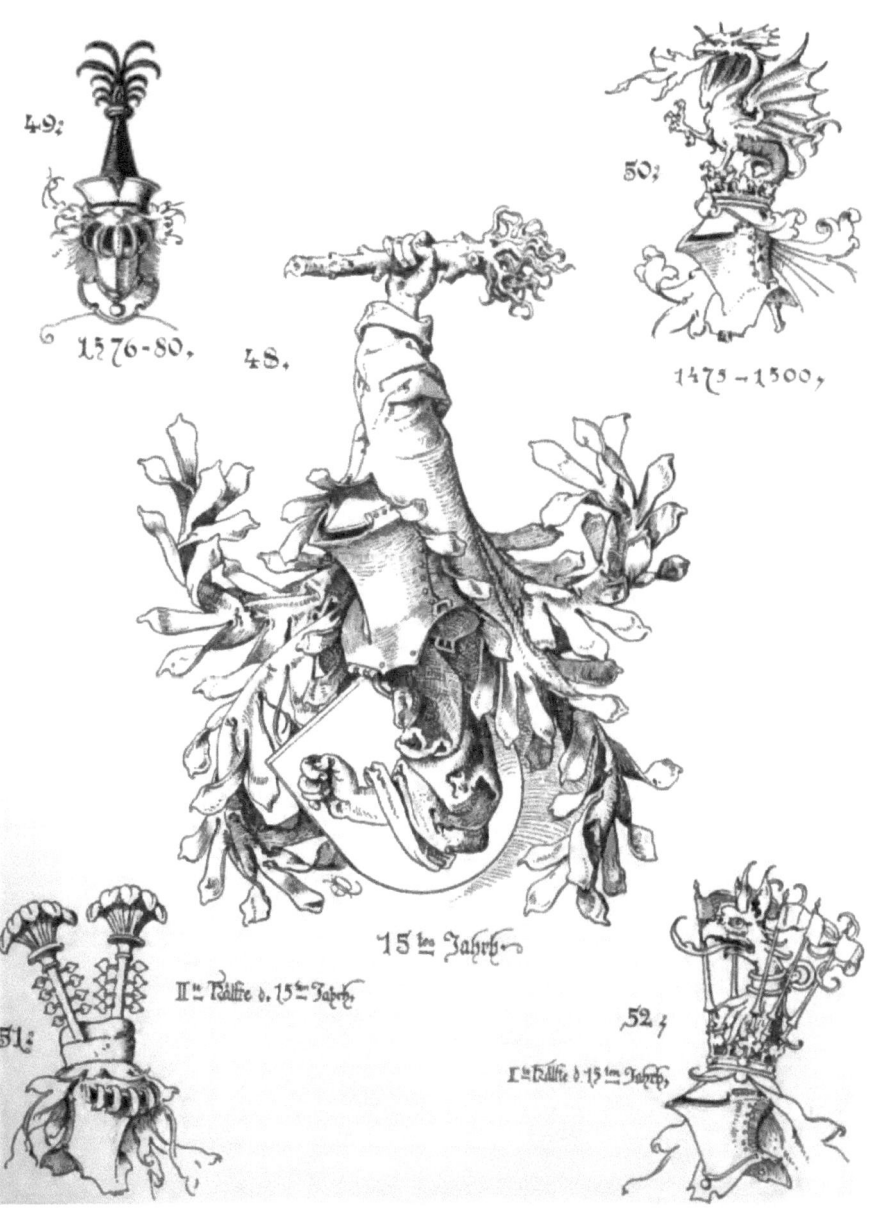

Tafel XXII.

Krone der Kaiserin.    Krone des Kronprinzen.

Deutsche Kaiserkrone.

Helm und Kleinod des Königs.

Helm u. Kleinod des Kaisers.

Tafel XXIII.

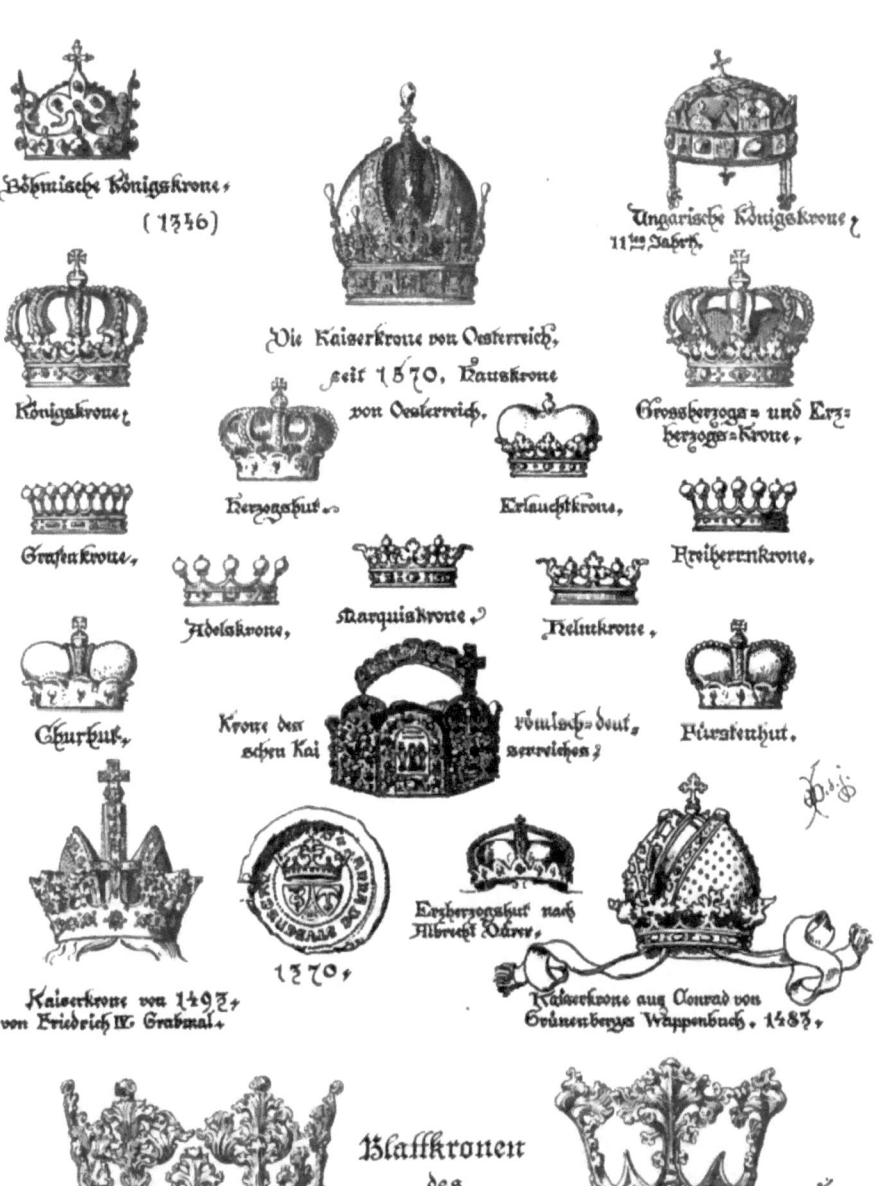

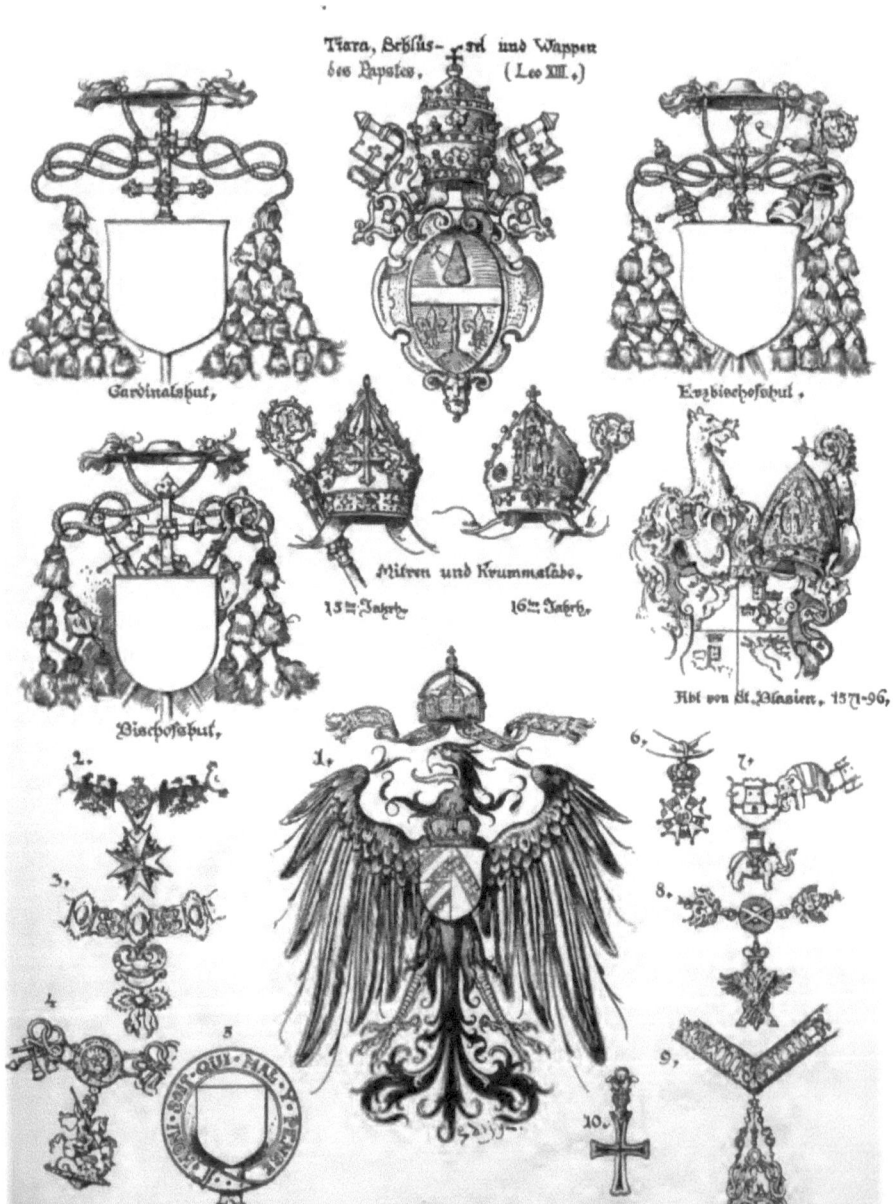

Tafel XXIV.

Tafel XXV.

Tafel XXVI.

Tafel XXVII.

Tafel XXVIII.

Tafel XXIX.

Tafel XXX.

Tafel XXXI.

Tafel XXXII.

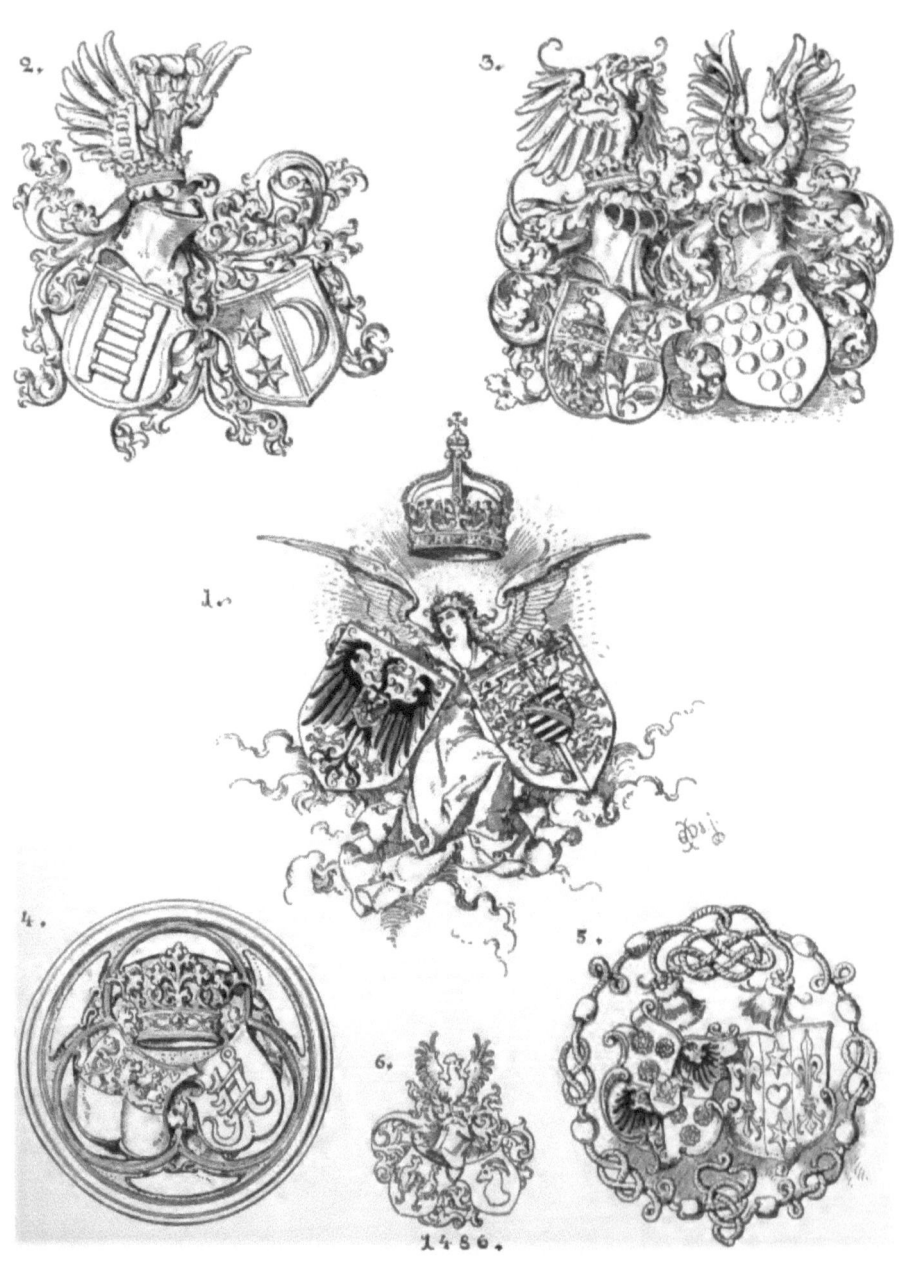

Tafel XXXIII.

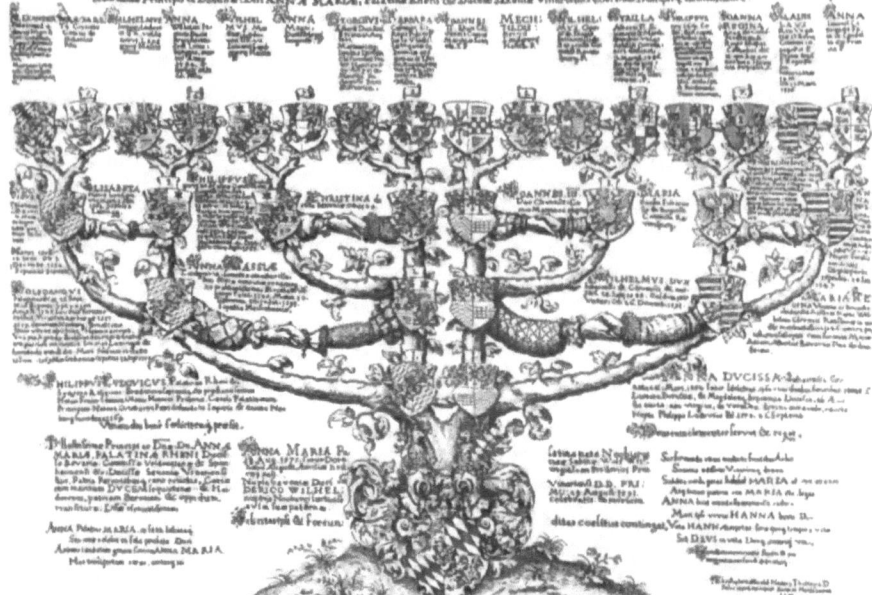

Tafel XXXIV.

Tafel XXXV.